W0326434

2023

# l'année de PLANTU 2023

VOUS POUVEZ RETROUVER LES DESSINS DE PLANTU
SUR FACEBOOK : **PLANTU.PAGE.OFFICIELLE**
SUR TWITTER : **@PLANTU**
SUR INSTAGRAM : **@PLANTU_OFFICIEL**

« MARIANNE, NE VOIS-TU RIEN VENIR ? »
EST UN HOMMAGE À PIERRE-JEAN VAILLARD
AVEC QUI JE PARTAGE LE TITRE DE CE LIVRE.

© CALMANN-LÉVY, 2023

MAQUETTE ET RÉALISATION :
**JEAN-LUC SIMONIN, CURSIVES**
D'APRÈS UNE CONCEPTION GRAPHIQUE
DE OLO.EDITIONS
DESSINS DE COUVERTURE :
**PLANTU**

ISBN : 978-2-7021-8332-8

l'année de

# PLANTU

2023

# MARIANNE, NE VOIS-TU RIEN VENIR ?

CALMANN LEVY
Graphic

HUILES du POUVOIR

« On ne réglera rien dans la société et dans la police tant qu'on n'abordera pas les problèmes relatifs à la fracture sociale, à tous ces quartiers qui étaient des zones de non-droit, qui sont devenues aujourd'hui des zones d'un autre droit. Tant qu'on ne comprendra pas qu'il faut réinvestir les services publics au sein de tous ces quartiers, on laissera la place à d'autres. Et les autres, ce sont essentiellement des mafias. Avec, en face, des flics souvent démunis. »

**Jean-Louis Arajol (ancien major de police et auteur de *Police en péril*)**

# PRÉFACE

## MARIANNE, NE VOIS-TU RIEN VENIR ?

Ce livre passe en revue toutes les questions concernant la réforme des retraites, les bouillonnements sociaux, le réchauffement planétaire, l'Ukraine, l'Afrique, l'inflation…

Est-ce qu'un dessinateur est capable de raconter tout ça ? Non, bien sûr. Un dessinateur de presse, ça écoute les journalistes, ça discute, ça prend des notes, ça griffonne et dessine ce qu'il croit comprendre. Les rédacteurs sont là pour l'aider et lui, le dessinateur, il traduit tout ça en y ajoutant quand même son grain de sel.

Ce livre, c'est aussi l'histoire des bonnes et mauvaises politiques d'hier et d'aujourd'hui.

Cette année, certaines décisions du passé nous explosent à la figure. Ce livre raconte les occasions manquées.

Par exemple, je me souviens que j'avais une admiration sans bornes pour Reiser, le dessinateur de *Charlie-Hebdo* : il s'amusait à installer sur le toit de sa maison des capteurs solaires pour produire sa propre électricité et… au nom du monopole, la compagnie EDF venait détruire régulièrement ce que Reiser avait construit : il avait juste inventé l'autonomie énergétique !

Je l'ai raconté à ma manière dans les pages du journal *Le Monde*.

On n'a pas suffisamment écouté les experts : je pense à René Dumont, qui nous faisait découvrir l'écologie en 1974.

*Dessin publié en 1980.*

*Dessin publié en 1997.*

Marianne a assisté à tout ça, en réagissant quelques fois, mais pas toujours.

Les déserts médicaux, le prix de l'essence, les caddies vides, on a vu s'installer cette année des frustrations un peu partout : une ambiance « post-gilets-jaunes ».

La nouvelle pauvreté, le déclassement social, l'absence grandissante de culture, les réseaux sociaux haineux… un peu de testostérone par-dessus et une colère grandissante… Ça peut nous expliquer ce qu'on a appelé « les émeutes de juillet ».

Que voit venir Marianne ? Elle voit arriver un état policier ? Elle voit arriver l'extrême droite à l'Élysée ?

Marianne, ne vois-tu rien venir ? Elle voit venir en tout cas deux France qui s'affrontent sans arriver à construire une démocratie apaisée.

On finit par oublier des atouts français dont nous sommes si fiers. Pendant que nous nous invectivons avec des petites phrases, nous ne prenons pas toujours les mesures nécessaires qui sauveraient la République.

Quelques policiers, quelques militaires avaient vu grossir des nuages noirs à l'horizon. À cause des mauvaises décisions des années 1990, la réduction des dépenses militaires, la fin du service national, on voit aujourd'hui nos dirigeants expliquer aux Ukrainiens que si la France était attaquée, elle n'aurait de munitions que pour trois jours…

*Dessin publié en 1988.*

Les ministres successifs de l'Éducation nationale ont réussi à construire une école qui, elle aussi, est sans défense ; une Éducation nationale incapable d'instruire des enfants de tout niveau social et de toute origine. Finies les dictées !…

À présent, le passé compose difficilement avec notre futur.

Je regarde la tête de Macron… et « en même temps » la tête de l'autre Macron et je vois l'air dubitatif d'Élisabeth Borne : et je ne me sens pas rassuré.

Pour une fois, il y a une intersyndicale en ordre de marche pour défendre l'avenir social de notre petite Marianne. On peut rêver qu'elle se fera soigner dans de bonnes conditions… Espérons qu'elle puisse trouver un médecin !

*Dessin publié en 1977.*

Je reviens dans ce livre sur les réformes en matière de santé, d'éducation, d'énergie, etc. Il y a certes la bonne volonté de certains ; et puis il y a le corporatisme des autres. Et, au milieu, il y a les citoyens et les journalistes qui essaient de comprendre ce qui s'est passé.

Mais il y a un autre remède pour changer tout ça : lancez-vous dans la politique, le journalisme ou le dessin !

RETRAITE
À 64 ANS

# LA RÉFORME DES RETRAITES

## MOBILISATION

Le 19 janvier, première journée de manifestations massives et de grèves. « La mobilisation est au-delà de ce que l'on pensait », s'est félicité Laurent Berger, le leader de la CFDT. Et les syndicats annoncent pour le 31 janvier une deuxième journée de mobilisation.

## TOTEM

« On a porté durant la campagne une réforme qui décale l'âge légal de départ à 65 ans mais ce n'est pas un totem. »

**Élisabeth Borne sur France Inter,**
**le 3 janvier 2023**

Le 10 janvier, la Première ministre Élisabeth Borne rend officielles les orientations du texte sur les réformes de la retraite. L'âge de départ à la retraite sera finalement de 64 ans en 2030.

ASSEMBLÉE NATIONALE
RETRAITE À 64 ANS
PLANTU

## IMPASSE

L'intersyndicale refuse de rencontrer Emmanuel Macron avant la grande manifestation du 1er mai.

« Je suis à la disposition de l'intersyndicale si elle souhaite venir me rencontrer pour avancer sur tous ces sujets. »

**Emmanuel Macron**

« Il ne nous a pas reçus au moment où il fallait le faire lorsqu'on lui avait tendu une perche. Il a traité cela avec mépris et dédain. »

**François Hommeril**
**(président de la CFE-CGC, syndicat représentant les cadres)**

## INTERSYNDICALE

« Treize organisations de salariés et de défense de la jeunesse travaillent ensemble depuis l'été 2022. C'est la preuve que le "syndicalisme rassemblé" fonctionne. »

***Le Monde*, 22 mars 2023**

« Bien sûr. Nous démontrons aujourd'hui, dans la pratique, que ça peut fonctionner. À partir du moment où les objectifs sont clairs et les différences assumées, il n'y a pas de problème. Je pense que cette sincérité constitue quelque chose de nouveau. Cela convient à ceux qui nous écoutent parce qu'ils ne veulent pas qu'on leur mente. Ils savent bien que la CFDT et la CGT, ce n'est pas la même chose. Nous avons un objectif commun et nous assumons le fait d'avoir des différences sur les formes de lutte. »

**Philippe Martinez (secrétaire général de CGT)**

## 64 ANS

Pour les syndicats, la mesure d'âge est un totem : « 64 ans, c'est une mesure brutale. C'est inacceptable » pour Laurent Berger. Philippe Martinez de la CGT ajoute sur BFMTV que « c'est quand même fort de café d'expliquer qu'on va travailler deux ans de plus et que c'est du progrès social, alors ça, il faut être balèze pour sortir des trucs comme ça ».

À la veille du début de l'examen du projet en commission à l'Assemblée nationale et deux jours avant une nouvelle journée de mobilisation, la Première ministre fait une mise au point ferme ce dimanche : « Le report de l'âge de départ à 64 ans n'est plus négociable. »

***Le Parisien*, 29 janvier 2023**

## PÉNIBILITÉ

« Les syndicats ont bataillé, en vain. Tout au long des négociations de cet automne avec le gouvernement, la CFDT, en tête, et les autres organisations ont milité pour que la réforme des retraites reprenne les quatre anciens critères de pénibilité supprimés en 2018. À l'époque, l'exécutif dirigé par Édouard Philippe avait réduit les dix critères de pénibilité instaurés en 2015 par la réforme Touraine à six critères. Furent exclues du compte professionnel de prévention (C2P) : les postures, les charges lourdes, les vibrations mécaniques et l'exposition aux agents chimiques. »

***La Tribune*, 12 janvier 2023**

# Pénibilité

# Pénibilité au travail

## DES ALLIÉS ENCOMBRANTS... À L'ASSEMBLÉE NATIONALE

Les Républicains, bien que divisés sur la réforme des retraites, se veulent force de proposition. Ils ont déposé 617 amendements au projet de loi du gouvernement, examiné en commission des Affaires sociales et plus tard en séance.

« Le 49.3 ne sera pas nécessaire si le gouvernement sait écouter les demandes des Républicains. »

**Éric Ciotti (LR)**

## DES ALLIÉS ENCOMBRANTS… AU SÉNAT

Si la réforme des retraites est désormais promulguée et que le gouvernement entend aller de l'avant, Gérard Larcher rappelle que cela ne veut pas dire que tout est pour autant conclu sur l'épineuse question des retraites. Lors d'un entretien sur France Info ce mercredi 26 avril, le président Les Républicains (LR) du Sénat a estimé que « la page des retraites n'est pas tournée », et a indiqué qu'il restait à présent à « écrire un certain nombre de dispositifs d'accompagnement social ». Gérard Larcher a notamment évoqué les thèmes de l'usure professionnelle et de la situation des femmes.

**France Info, 26 avril 2023**

## FABIEN ROUSSEL

Le chef du Parti communiste, Fabien Roussel, prend à nouveau ses distances avec La France insoumise après des dissensions dans l'hémicycle. « On a une stratégie clairement différente », a jugé l'ancien candidat à la présidentielle qui se dit « solidaire de l'intersyndicale ».

## 16 371 AMENDEMENTS

Depuis le début de la législature, l'Assemblée nationale aura examiné 141 textes et 16 371 amendements, en 297 séances, soit plus de 1 000 heures passées dans l'hémicycle.

Martinez-Mélenchon

## DES ALLIÉS ENCOMBRANTS (SUITE)

La NUPES, suivant la stratégie de Jean-Luc Mélenchon, a présenté 18 000 amendements afin d'obstruer les débats à l'Assemblée nationale.

Philippe Martinez, secrétaire national de la CGT, accuse Jean-Luc Mélenchon, et dans son sillage plusieurs députés insoumis, de « vouloir s'approprier le mouvement social en reléguant les syndicats au second plan » à travers notamment leur stratégie d'obstruction et leurs coups d'éclat.

Après les déclarations de Philippe Martinez, Jean-Luc Mélenchon répond que « pour réussir, il faut être unitaires ! Élargir le front de l'engagement et pas le rabougrir », laissant de côté les « propos diviseurs » du leader de la CGT.

## BRAS D'HONNEUR

À la suite des trois « bras d'honneur » d'Éric Dupond-Moretti adressés aux députés de droite dans l'hémicycle, la présidente de l'Assemblée nationale, Yaël Braun-Pivet, exprime sa consternation à Matignon. Elle rappelle à la Première ministre qu'« un tel comportement de la part d'un membre du gouvernement n'est pas acceptable » et ajoute qu'elle attend « une même exemplarité de la part des ministres ».

## LE BUSINESS DE L'INJURE

Débats à l'Assemblée : « Vous êtes un imposteur et un assassin », a lancé Aurélien Saintoul (LFI) à l'adresse du ministre du Travail Olivier Dussopt. La députée écologiste Sabrina Sebaihi, elle, s'est fait traiter de « pisseuse » dans l'hémicycle et a reçu une lettre de menaces racistes à sa permanence. Aurélien Pradié (LR) a menacé publiquement Laurent Marcangeli (Horizons) : « Je te promets que je vais te casser les dents »…

Le président du groupe communiste André Chassaigne s'est dit « choqué, blessé et humilié » par les propos tenus par le député membre de LFI. « Tenir de tels propos est absolument inacceptable. (…) Le débat démocratique, c'est un débat d'idées, ce n'est pas un échange d'insultes », a tranché le député. Son intervention est saluée sur les bancs de l'Assemblée nationale.

## SANCTIONS CONTRE LES ÉLUS

Les vainqueurs incontestés restent les élus de La France insoumise, lesquels ont reçu la quasi-totalité des sanctions en 2023.

Si ces punitions tombent surtout à l'encontre de l'opposition, des élus de la majorité peuvent aussi se voir rappelés à l'ordre mais c'est toutefois beaucoup plus rare, car, ainsi que l'explique l'historien Jean Garrigues, « il est compliqué de sanctionner son camp ». Fin juillet 2022, François Ruffin s'était d'ailleurs plaint de voir un député de la majorité uniquement rappelé à l'ordre pour un salut nazi (fait, selon ce dernier, pour stigmatiser un élu du RN), quand lui fut sanctionné financièrement pour avoir porté un maillot de football au Palais-Bourbon.

**_Le Point_, 22 juillet 2023**

## INJURES ANTISÉMITES

La présidente de l'Assemblée nationale Yaël Braun-Pivet dénonce, lors d'une interview pour RTL/*Le Figaro*/LCI, le 26 mars 2023, « le phénomène massif » de violences envers les élus et annonce avoir porté plainte après avoir reçu une « lettre de menaces absolument abominable ». « Ça commence très aimablement par : "Salut la grosse truie juive. On n'a plus de zyklon hélas, mais des barres de fer pour éliminer cette saloperie de Jude" », a lu d'un ton grave Yaël Braun-Pivet sur le plateau de l'émission.

Pour Aurore Bergé, « la France insoumise favorise la montée de l'extrême droite en France ».

**Europe 1, mars 2023**

# Un boulevard… et une bretelle pour l'extrême droite

## MACRON, BOUSSOLE DE DUSSOPT

« M. Dussopt, ministre du Travail, n'oublie pas que sa seule boussole se trouve au 55, rue du Faubourg-Saint-Honoré. "Je n'ai qu'un chef", a-t-il coutume de dire à propos d'Emmanuel Macron, pour qui il a "brûlé tous ses vaisseaux" en le rejoignant. Taiseux, il protège cette relation comme un secret. "Ne lâche rien de rien. Tu me diras ton ressenti", lui écrit le chef de l'État. »

***Le Monde*, 26 février 2023**

« Ce soir au Sénat, nous avons voté la réforme des retraites, que nous défendions depuis des années. Demander aux Français de travailler plus longtemps n'est jamais populaire. Mais c'était la seule manière de garantir les pensions de demain, notamment pour les plus modestes. »

**Bruno Retailleau (sénateur LR)**

Patrick Kanner, le patron du groupe socialiste au Sénat, accuse son homologue LR Bruno Retailleau de « brutaliser le débat » sur les retraites, en le surnommant « Bruno Brutailleau ».

J'AI VAGUEMENT LE SENTIMENT QU'ON N'A PAS ÉTÉ CONVAINCANTS !
OH ? TU CROIS ?
NON !
NON
NON
NON !
NON
NON !!
NON
NON
NON
Cfdt
Cgt
PLANTU

JEUNESSE
EN
COLÈRE

NON À L
RETRAITE
À 64 ANS

Tu leur as dit que
quand on serait au pouvoir
on n'y toucherait pas
à la retraite à 64ans?

## LES BLACK BLOCS BLOQUÉS

« Le 31 janvier, on a pu se coordonner pour fixer les black blocs en tête et éviter les affrontements », confirme Laurent Escure, de l'UNSA. « Il a parfois fallu ralentir, le temps de déblayer les points chauds devant et d'éteindre les débuts de feu. » Plusieurs dirigeants syndicaux confirment que leurs services d'ordre (« SO ») ont pu « maîtriser » eux-mêmes les quelques individus souhaitant déstabiliser leur cortège.

***Le Monde*, 7 février 2023**

# Où sont passés les black blocs ?

## 441 POLICIERS ET GENDARMES BLESSÉS

Le ministre de l'Intérieur Gérald Darmanin a fait état de « 441 policiers et gendarmes blessés » en France, le 23 mars, neuvième journée de mobilisation contre la réforme des retraites, mais le nombre de blessés parmi les manifestants suscite des interrogations. À Paris, le nombre exact de manifestants blessés est presque impossible à estimer, tant les sources sont disparates, tandis que les autorités fournissent des bilans exhaustifs concernant les forces de l'ordre.

***Sud Ouest* et AFP, 28 mars 2023**

## PIQUETS DE GRÈVE

« Selon les grévistes de la CGT Énergie, "c'est le début de la lutte, jusqu'au retrait !". Les baisses de production d'électricité organisées par des agents EDF contre le projet gouvernemental sur les retraites se sont fortement intensifiées, atteignant au moins l'équivalent de deux fois la consommation de Paris, a-t-on appris auprès de la CGT et du gestionnaire des lignes à haute et très haute tension RTE. »

**TF1 Info, 19 janvier 2023**

## LA CGT EN CONGRÈS

Le 53e Congrès de la CGT, qui s'était ouvert dans une atmosphère très tendue, a été le théâtre d'un vote de défiance inattendu vis-à-vis de la direction sortante, ce qui accroît le suspense sur la succession de Philippe Martinez.

## SOPHIE BINET ET MARYLISE LÉON

Deux femmes pour diriger les deux premières organisations syndicales du pays. C'est une première en France. Après Sophie Binet qui a succédé à Philippe Martinez à la tête de la CGT, c'est Marylise Léon qui sera élue à la tête de la CFDT en remplacement de Laurent Berger.

CGT

la
cgt
Cfdt

# De l'alcool à l'Assemblée ?

## L'ARTICLE 49.3

Élisabeth Borne se dit « très choquée » par les huées des oppositions dans l'hémicycle de l'Assemblée nationale, au moment où elle engageait la responsabilité de son gouvernement sur la réforme des retraites par le 49.3. Cet article permet l'adoption du texte sans vote, mais expose le gouvernement à une motion de censure.

Après avoir eu recours à l'article 49.3 onze fois depuis son arrivée à Matignon le 16 mai 2022, Élisabeth Borne a indiqué ne plus vouloir utiliser cette arme constitutionnelle à l'avenir, hormis pour les textes budgétaires. En trois ans de mandat à Matignon, de 1981 à 1995, Michel Rocard a actionné ce levier… vingt-huit fois.

49.3
49.3
49.3
49.3
49.3

# LES 100 JOURS

## LES 100 JOURS

« Nous avons devant nous 100 jours d'apaisement, d'unité, d'ambition et d'action au service de la France », a promis Emmanuel Macron lors de son allocution aux Français le 18 avril 2023.

« C'est pas des casseroles qui feront avancer la France », ironise le Président qui, de Sélestat à Dunkerque (où il visite une usine de batteries), est accueilli en musique. Des casseroles qui vont accompagner le président de la République ainsi que les membres du gouvernement tout le reste du mois d'avril. Pendant cette période, Emmanuel Macron joue au chat et à la souris avec les manifestants. Il se vante d'aller au « contact » mais utilise des stratagèmes pour éviter la fanfare. Des préfets tentent aussi de faire taire la contestation et prennent des arrêtés interdisant les « dispositifs sonores portatifs ». Des textes qui seront parfois suspendus par les juges.

***Sud Ouest*, 12 mai 2023**

## MACRON PSY

En mars 2019, alors que la crise des Gilets jaunes battait son plein, Emmanuel Macron n'était « pas loin du burn-out », confiait alors un de ses proches. Près de quatre ans plus tard, il semblerait que le président de la République vienne une nouvelle fois de traverser une mauvaise passe, comme il l'explique au journaliste Mohamed Bouhafsi. Visiblement, défendre nos intérêts semble être une mission particulièrement exténuante si l'on en croit ce qu'Emmanuel Macron a confié à son interlocuteur. En effet, le président de la République a fait une déclaration surprenante concernant son rythme de travail, en expliquant : « Il y a deux semaines, j'étais dans une dépression très grave. Il y a un mois, j'étais en train de faire le travail de tous les ministres et du Premier ministre… »

MANIF

100 $
LVMH
PLANTU

## « CHOOSE FRANCE »

Le chef de l'État a déroulé le tapis rouge à plus de 200 patrons étrangers et français dans l'enceinte prestigieuse du château de Versailles ce lundi 15 mai pour la sixième édition du sommet « Choose France ». Avec à la clé l'annonce de 28 projets totalisant 13 milliards d'euros d'investissements et créant 8 000 emplois. Mais derrière cet événement fastueux, l'activité dans l'industrie tricolore est encore loin d'avoir retrouvé son niveau d'avant pandémie. Et la balance commerciale continue de plonger.

***La Tribune*, 14 mai 2023**

## INFLATION

Le premier grand thème abordé par Élisabeth Borne sur sa feuille de route des « 100 jours » concerne l'inflation. La Première ministre assure que les boucliers tarifaires, donc sur le gaz et l'électricité, seront maintenus jusqu'à la fin de l'année. « La première préoccupation de nos compatriotes, c'est le pouvoir d'achat. Nous avons pris des mesures fortes pour protéger les Français face à la flambée des prix de l'énergie et limiter l'impact de la hausse des prix du carburant. Beaucoup de nos compatriotes éprouvent des difficultés. Aussi, dans les prochains mois, nous allons maintenir les boucliers sur les prix de l'énergie. »

**BFMTV, 24 avril 2023**

## DEHORS, LES PAUVRES !

En France, les pauvres dépensent plus pour leur logement que les autres. Selon les récents rapports de l'Observatoire des loyers de l'agglomération parisienne et de la Fondation Abbé Pierre, l'encadrement des loyers n'est toujours pas respecté par l'ensemble des bailleurs privés à Paris. Les plus petits logements sont les plus concernés par ces dépassements excessifs.

**France 3, 21 décembre 2022**

## FLAMBÉE DE LA TAXE FONCIÈRE À PARIS

Anne Hidalgo, la maire de Paris, augmente de 52 % l'impôt local en 2023, contrairement à ses promesses de campagne électorale.

## TARIFS À LA POMPE

L'addition est de plus en plus lourde pour les automobilistes tricolores. Les tarifs à la pompe poursuivent en effet leur spectaculaire envolée, entamée début juillet, d'après les calculs de Fig Data, effectués à partir des données publiques du ministère de la Transition énergétique. Une mauvaise nouvelle qui survient au moment des retours de vacances et des grands chassés-croisés de l'été. Et qui n'épargne aucun carburant.

***Le Figaro*, 18 août 2023**

## L'OMBRE RUSSE

Lorsque la guerre en Ukraine a débuté, l'Union européenne a tiré le signal d'alarme pour une plus grande indépendance énergétique vis-à-vis de la Russie. Plus d'un an après, les partenariats se sont diversifiés. Mais l'ombre russe pèse encore dans l'approvisionnement gazier de l'Europe.

***Ouest France***

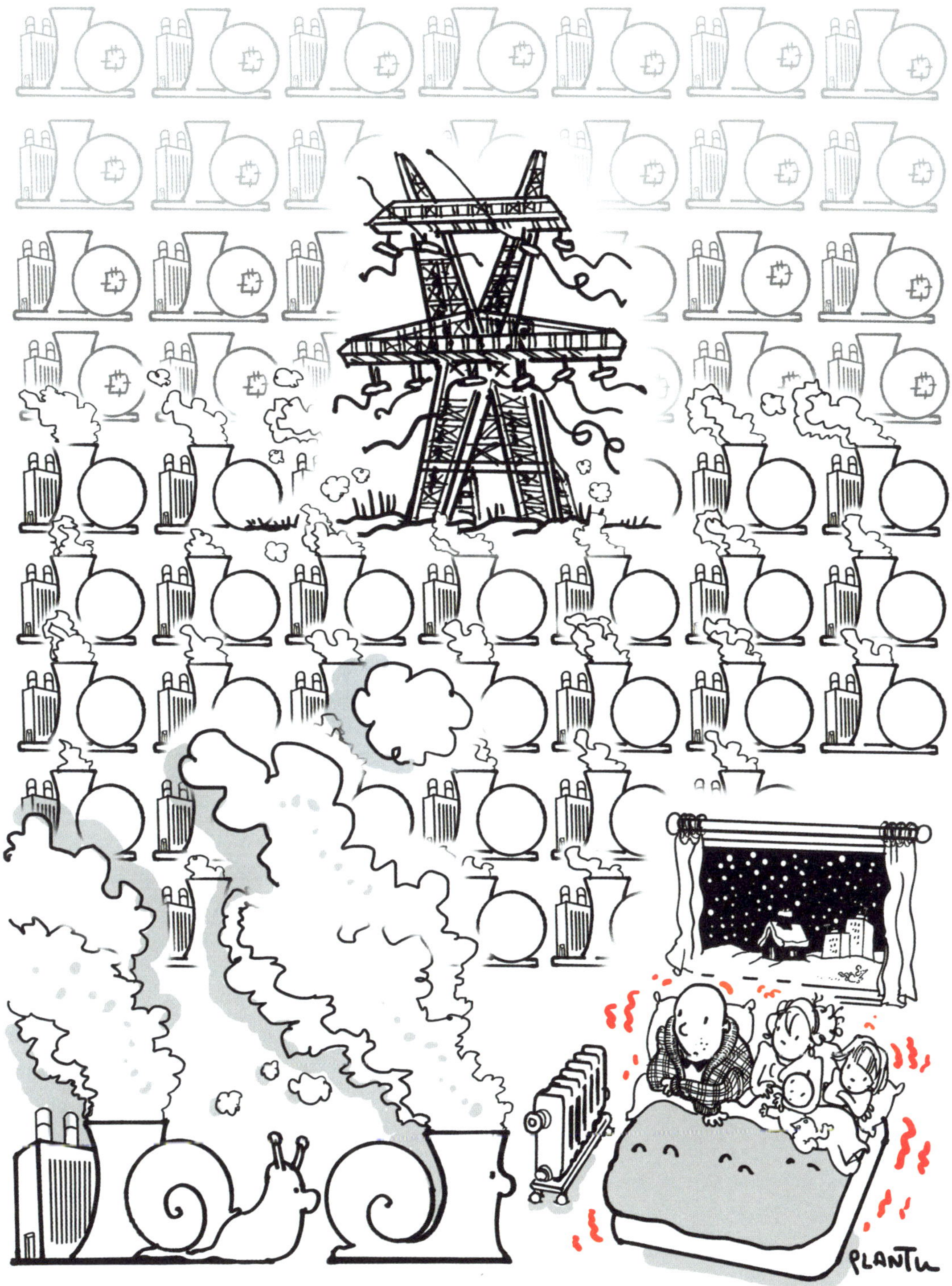


## ÉNERGIE FATIGUÉE

Les déboires des réacteurs nucléaires d'EDF se poursuivent. Deux d'entre eux n'ont pu finalement redémarrer avant la fin de l'hiver, et six autres devront être arrêtés, à leur tour, en 2023 pour des réparations liées à des problèmes de corrosion. Au 19 décembre 2022, sur les 56 réacteurs que compte la France, 16 étaient à l'arrêt.

## ÉLISABETH BORNE MAINTENUE À MATIGNON

« C'est Macron qui reconduit Macron », tacle Alexis Corbière (LFI). En reconduisant sans enthousiasme Élisabeth Borne à Matignon, Emmanuel Macron a fait le pari de la continuité face à une rentrée qui s'annonce difficile, en attendant de trouver la clé d'une équation politique délicate, faute de majorité absolue à l'Assemblée.

***Sud Ouest*, 18 juillet 2023**

## BORNE NUMÉRO 3

Emmanuel Macron renouvelle, le 17 juillet, du bout des lèvres sa confiance à sa Première ministre, avec laquelle la relation n'est pas toujours des plus harmonieuses, selon diverses sources au sein de l'exécutif.

## REMANIEMENT

Les inconnus du gouvernement sortent par la petite porte. Avec l'annonce du remaniement ministériel, son lot de départs. Parmi eux, certains ministres d'Élisabeth Borne n'auront pas eu le temps de se faire connaître du grand public.

***Marianne*, 20 juillet 2023**

14
JUILLET

# LES ÉMEUTES DE JUILLET

## LES DÉGÂTS EN FRANCE

Début septembre 2023, les assureurs estimaient que les 15 600 sinistres déclarés après les émeutes de juin et juillet s'élèveraient à 730 millions d'euros. Près d'un tiers concerne des dommages aux biens publics (mairies, écoles, bibliothèques…) et les deux tiers aux biens professionnels.

## ANNULATIONS EN PAGAILLE

« Au matin du vendredi 24 mars, le Président a appelé le roi Charles. Il l'a informé des risques encourus [liés aux manifestations contre la réforme des retraites]. Non pas tant pour sa sécurité que pour les désagréments possibles. Et, en accord avec les deux gouvernements, il a été décidé de reporter la visite en juin ou juillet [repoussée en septembre en raison des émeutes]. Afin de pouvoir accueillir Sa Majesté le roi Charles III dans des conditions qui correspondent à notre relation d'amitié ».

« Ce report est une honte pour notre pays », fulmine le patron du parti Les Républicains, Éric Ciotti. « Le monde entier regarde aujourd'hui la France avec un sentiment d'effarement et le report de la visite d'État du successeur d'Elizabeth II est le révélateur de notre abaissement international », grogne l'élu des Alpes-Maritimes.

***Le Monde*, 25 mars 2023**

En raison des émeutes en France le président de la République, Emmanuel Macron, a également annulé sa visite d'État en Allemagne, prévue du 2 au 4 juillet.

## HUILE SUR LE FEU

« Honte à ceux qui n'ont pas appelé au calme », a dénoncé jeudi 29 juin Gérald Darmanin. Il visait ceux qui, à gauche, jettent selon lui de l'huile sur le feu après les violences urbaines liées à la mort du jeune Nahel, tué par un policier. La France insoumise est notamment décriée pour son refus d'appeler explicitement à l'apaisement. Un message visant Jean-Luc Mélenchon.

***Challenges*, 29 juin 2023**

En réponse aux critiques qui ont suivi son appel aux jeunes à « ne pas toucher » aux écoles ou aux bibliothèques, Jean-Luc Mélenchon a souligné n'avoir « jamais dit » que « le reste on pouvait le brûler », comme certains l'ont « déduit », notamment à droite et même parfois à gauche.

« Il y a un problème dans tous les quartiers de ce pays, 45 000 hommes n'y ont pas mis un terme mais c'est la faute de Jean-Luc Mélenchon, de La France insoumise, des parents et des jeux vidéo : est-ce que vous croyez que c'est une attitude sérieuse ? »

**Jean-Luc Mélenchon,**
**sur BFMTV, 2 juillet 2023**

## « TOUT LE MONDE DÉTESTE LA POLICE »

Des manifs de soutien aux ZAD à LFI, itinéraire d'un slogan anti-flics : lors de la manifestation interdite en hommage à Adama Traoré le 8 juillet, des députés de La France insoumise dont Éric Coquerel ont défilé au côté de manifestants scandant « tout le monde déteste la police ». Une nouveauté pour la gauche parlementaire dans l'histoire politique récente, l'hostilité aux forces de l'ordre étant, à l'origine, l'apanage des franges extrémistes et anarchistes.

***Marianne*, juillet 2023**

## MORT DE NAHEL MERZOUK

À Nanterre, un jeune de 17 ans est tué par le tir à bout portant d'un policier le 27 juin 2023.

## L'AGENT TIREUR

« Depuis la loi relative à la sécurité publique du 28 février 2017, les forces de l'ordre peuvent recourir aux armes à feu de manière préventive et sans danger immédiat, à l'inverse de la légitime défense. Or, il s'agit de la principale justification du recours aux armes létales. Les premiers mois qui ont suivi l'entrée en vigueur de cette loi ont vu la multiplication des tirs policiers sur des véhicules en mouvement. L'année 2022 a d'ailleurs été une année record avec 13 personnes tuées par des agents de police alors qu'elles se trouvaient dans un véhicule en fuite après un ordre de s'arrêter. Fait inquiétant, 5 d'entre elles n'étaient que passagers et ne représentaient donc pas un danger pour l'agent tireur. »

**ACAT, 14 mars 2023**

## VIOLENCES CONTRE VIOLENCES

« Ce problème de violences policières est en corrélation avec les problèmes de violence au sein même de la société. Plus la société est violente, plus il y a de risques de violence policière. »

**Jean-Louis Arajol**
**(ancien major de police et auteur de *Police en péril*)**

## RENFORCER LA SÉCURITÉ DES ÉLUS

Le gouvernement a présenté le plan national contre les violences aux élus. Il a pour objectif de renforcer la sécurité des élus en leur apportant un soutien fort dans toutes les étapes qu'ils peuvent rencontrer en cas d'atteintes. Structuré autour de quatre grands axes, il vise à renforcer la protection physique, juridique et psychologique des élus, ainsi que les mesures judiciaires et les relations maires-parquets.

## VIOLENCES

« Je suis très en colère. J'ai l'impression que l'on fait ce qu'il faut localement. Mais où est l'État ? En tant que maire, j'ai l'impression d'être seul au milieu du gué. »

**Bruno Gallier (maire de Brunoy)**

## « MA CARRIÈRE POLITIQUE S'ARRÊTE »

Le maire de Saint-Brévin confirme sa démission après son entrevue avec Borne. Une semaine après sa décision qui a secoué le monde politique, Yannick Morez avait détaillé, lors d'une audition au Sénat longue de deux heures, chacune des menaces de l'extrême droite qu'il a eu à subir depuis l'officialisation fin 2021 du transfert près d'une école de sa commune d'un centre d'accueil de demandeurs d'asile.

Des manifestations clairsemées organisées par un petit collectif d'habitants aux menaces sur les réseaux sociaux et à l'incendie de son domicile le 22 mars, le maire a dressé l'inventaire des défaillances de l'État en matière de protection des élus, comparant sa situation à celle de l'enseignant Samuel Paty, assassiné en 2020.

***Le Progrès*, mai 2023**

## INÉGALITÉS

En 2003, 27,6 % des étudiants ne percevaient aucune aide financière directe de la famille ; l'effort économique consenti par les familles pour financer les études de leur enfant n'est pas le même selon le milieu social d'origine.

Dessin publié en 1990

Dessin publié en 2005

## ÉMEUTES DE 2005

La Direction centrale des renseignements généraux (DCRG) a rédigé un rapport qui explique que « les jeunes des quartiers sensibles se sentent pénalisés par leur pauvreté, la couleur de leur peau et leurs noms ». Ils sont handicapés par « l'absence de perspectives dans la société française ». Le rapport décrit ainsi l'énorme désespérance sociale des jeunes, ainsi qu'« une perte de confiance totale envers la République ».

***Le Monde*, 7 décembre 2005**

# Les courses du dimanche

## BILAN DES DÉGRADATIONS

Auditionné par le Sénat, le ministre de l'Intérieur a fait le bilan des dégradations en France depuis le début des émeutes ayant suivi la mort de Nahel, le 27 juin. 23 878 feux sur la voie publique, 12 031 véhicules incendiés, 2 508 bâtiments incendiés ou dégradés ont été enregistrés par le gouvernement.

**France 24, 7 juillet 2023**

## MACRON FACE AU RAIDISSEMENT DE L'OPINION

L'exécutif observe une bascule de l'opinion après les émeutes urbaines. L'aspiration à la fermeté écrase la discussion publique. Ces cinq nuits ont attisé la colère des habitants. Ce sont 93 % des Français qui condamnent les violences contre les bâtiments publics et 89 % celles contre la police.

***L'Express*, 5 juillet 2023**

# SOCIÉTÉ(S)

## DÉCROCHAGES DES PROFS

Professeurs des écoles, certifiés ou agrégés subissent un décrochage salarial d'une telle ampleur depuis les années 1980 que les tentatives, ces dernières années, des gouvernements successifs pour revaloriser cette profession en perte d'attractivité restent insuffisantes. Au début des années 1980, un enseignant débutant gagnait l'équivalent de 2,3 fois le smic, aujourd'hui, il touche environ 1,2 fois le salaire minimum.

***Le Monde*, septembre 2022**

## CLASSES SURCHARGÉES

Publié le 22 décembre 2022, un rapport de la direction de l'évaluation, de la prospective et de la performance (DEPP) démontre que les classes françaises sont les plus surchargées dans l'Union européenne. Un constat dénoncé depuis plusieurs années par les principaux syndicats d'enseignants français.

« Chaque fermeture de classe est une catastrophe. Avec la normalisation des sureffectifs d'élèves, le quantitatif a pris la place du qualitatif : nous n'avons plus les moyens, à l'échelle de chaque classe, de prendre en compte les particularités d'origine et de situation sociale. »

**Jacques Toubon, *Le Grand Continent*, 4 juillet 2023**

Dessin publié en 1977

## LA FRANCE AU BORD DE L'EXPLOSION

« Je crois que le modèle d'intégration français correspond à notre projet républicain et qu'il ne faut pas le modifier. En revanche, il existe trois phénomènes qui se sont mis en travers de l'intégration depuis quelques années.

D'abord, il faut compter avec la numérisation et l'irruption des réseaux sociaux qui, par définition, atomisent les sociétés. Il y a aujourd'hui soixante-sept millions et demi d'atomes, et les composantes qui devraient les intégrer manquent.

Ensuite, les statistiques récentes démontrent la dégradation de la situation économique et sociale de la France. Autrement dit, la misère s'est développée et nous n'avons pas réussi à y faire face. Cette incapacité de l'État à répondre aux tensions qui traversent le pays s'était déjà exprimée il y a cinq ans lorsque fut rejeté le plan Borloo. La crise actuelle trouve sans doute ses origines dans la décision prise par Emmanuel Macron de ne pas appliquer ses propositions.

Enfin, le dernier obstacle à la politique d'intégration relève de l'éducation. Ce qui ressort des émeutes est que nous avons affaire à des enfants. »

**Jacques Toubon**
**(ancien ministre de la Justice,**
**ancien défenseur des droits),**
***Le Grand Continent*, 4 juillet 2023**

« L'école prépare les enfants à vivre dans un monde qui n'existe pas »

**Albert CAMUS**
(1913-1960)

## PRISONS SURPEUPLÉES

« La surpopulation carcérale est un mal chronique des prisons françaises. En 1990, le taux d'occupation des établissements pénitentiaires était de 124 %. Il est de 118 % avec 71 669 prisonniers pour 60 715 places (au 1er septembre 2022). Dans les établissements, qui abritent plus des deux tiers de la population carcérale, le taux d'occupation moyen est de 139,7 %, contraignant deux à trois personnes – parfois plus – à partager une même cellule et plus de 1 830 personnes à dormir chaque nuit sur des matelas posés au sol. »

**OIP section française**

Dominique Simonnot, la contrôleuse générale des lieux de privation de liberté (CGLPL), dénonce une réalité invivable rendue possible par un « calcul à court terme, sans vision ni réalisme, répondant au populisme par des incantations et des roulements de biceps ». La contrôleuse générale estime ainsi que « notre société tolère ce qui, à bien des égards, s'apparente aux antiques châtiments corporels ».

**Abel Mestre, *Le Monde*, mai 2023**

Dessin publié en 1987

Prisons françaises:
73000 détenus pour 60000 places
PLANTU

Sculpture, 1995

« La justice sans la force est impuissante. La force sans la justice est tyrannique. »

**Blaise Pascal**

## LES MAGISTRATS

Ils sont de plus en plus sollicités, croulent parfois sous les dossiers, ne comptent pas leurs heures : les magistrats font face à une charge de travail qui met en péril leur santé et la qualité de leurs décisions, selon une enquête menée par le Syndicat de la magistrature. « Un juge trop fatigué, humainement épuisé, c'est dangereux. »

**Radio France**

## LES POLICIERS

« Au premier soir des émeutes, on a multiplié les interpellations. Les geôles de garde à vue ont débordé très rapidement, et il n'y avait plus de place en détention. Le lendemain, on a reçu un ordre incroyable : ne plus arrêter personne, sauf exception ; on devait donc stopper les émeutes sans procéder à des interpellations de types surpris en flagrant délit de pillage. »

**Un brigadier-chef,**
**interrogé par *Marianne*, août 2023**

## AFFAIRE SARKOZY

L'ancien président de la République, Nicolas Sarkozy, devrait comparaître pendant quatre mois début 2025 pour corruption passive, association de malfaiteurs, financement illégal de campagne électorale et recel de détournement de fonds publics libyens. Des accusations qu'il nie en bloc.

***20 Minutes*, août 2023**

## FRAUDE FISCALE

Le gouvernement veut augmenter de 25 % les contrôles fiscaux des plus gros patrimoines d'ici la fin du second quinquennat d'Emmanuel Macron. L'ambition est celle du nouveau plan de lutte contre la fraude fiscale.

**Radio France, mai 2023**

## « L'UN DES QUADRAGÉNAIRES LES PLUS PROMETTEURS »

C'est ainsi que Nicolas Sarkozy présente Gérald Darmanin. Les ambitions présidentielles assumées du ministre de l'Intérieur agacent au sein de la majorité : il ne cache plus ses ambitions en vue de l'élection présidentielle de 2027. Mais au sein de son camp, l'offensive médiatique menée en ce mois d'août 2023 par le ministre de l'Intérieur fait débat.

***Ouest France*, 27 août 2023**

Pour la prochaine présidentielle Nicolas Sarkozy exprime sa préférence. « Jusqu'à présent, les faits lui ont donné largement raison. Saura-t-il franchir une nouvelle étape, voire l'étape ultime, celle qui mène à la présidence de la République ? Je lui souhaite, car il a des qualités évidentes. »

**Nicolas Sarkozy, août 2023**

« Nous ne jouerons pas les premiers violons de la symphonie de l'immobilisme ! »

**Éric Ciotti (LR), août 2023**

## ABAYA

Le port de vêtements « religieux » comme l'« abaya » ou le « qamis » pose de plus en plus de problèmes de discipline aux surveillants, professeurs et chefs d'établissements scolaires.

« Il y a bel et bien une vague de port de tenues pouvant être considérées comme religieuses. »

**Pap Ndiaye (ministre de l'Éducation nationale de 2022 à 2023), *Le Monde*, 13 octobre 2023**

## ABAYA (SUITE)

Gabriel Attal, nouveau ministre de l'Éducation nationale, déclare en juillet 2023 : « Venir à l'école en abaya est un geste religieux, visant à tester la résistance de la République sur le sanctuaire laïque que doit constituer l'École. » Il annonce l'interdiction de l'abaya le 27 août.

## HARCÈLEMENT SCOLAIRE

7 jeunes sur 10 sont victimes de cyberharcèlement avant d'atteindre l'âge de 18 ans. Cela représente 45 % des jeunes et moins jeunes adolescents (en particulier les filles et les membres de la communauté LGBTQ) qui ont été victimes de cyberharcèlement. C'est un pourcentage alarmant qui semble ne faire qu'augmenter.

En janvier, le jeune Lucas s'est donné la mort à 13 ans à Golbey, dans les Vosges. L'adolescent était victime de harcèlement scolaire depuis la rentrée de septembre. Quatre mineurs ont été reconnus coupables de harcèlement, mais pas du suicide.

Début mai, la jeune Lindsay s'est suicidée à l'âge de 13 ans, après avoir été victime de harcèlement scolaire. Comme elle, Océane, l'une de ses amies, a subi coups et moqueries au collège où elle est scolarisée, dans le Pas-de-Calais, au point de l'empêcher d'aller à l'école pendant quatre mois.

Fausse nouvelle
Fosse septique
PLANTU

## GÉNÉRATION CANAPÉ

Un dimanche où ses trois enfants de 14 ans, 9 ans et 6 ans, vautrés dans le canapé, chacun devant son écran, n'échangeaient pas un mot, André a piqué une crise. Ce père de famille exaspéré a demandé à tout le monde de poser son téléphone portable ou sa tablette pour choisir un film qu'ils pourraient regarder et commenter ensemble.

« J'avais l'impression que ma famille était en train de se déliter sous mes yeux. J'étais chez moi comme en terre étrangère, dans un lieu sans écoute, sans partage, sans capacité à se créer une histoire commune », rapporte-t-il. Comme lui, des milliers de parents s'inquiètent de voir les réseaux sociaux absorber leurs enfants. Et certains reconnaissent qu'eux aussi ont du mal à lâcher leur smartphone au moment de passer à table…

**_Le Figaro_, 9 avril 2019**

## INFLUENCEUSES

Quatre influenceuses sont épinglées par la DGCCRF (Direction générale de la Concurrence, de la Consommation et de la Répression des fraudes). Deux mois après l'adoption d'une loi qui durcit les sanctions, le gendarme de la consommation multiplie les contrôles.

## TIKTOK

« L'algorithme de TikTok obéit à un fonctionnement bien particulier qui le différencie considérablement des autres réseaux sociaux arrivés avant lui. Son intelligence artificielle sélectionne les contenus viraux suggérés aux utilisateurs, obligeant les créateurs à poster toujours plus. »

**tomsguide.fr**

« J'avoue humblement que je n'utilise pratiquement pas les réseaux sociaux. Et pour faire face à TikTok, nous Européens nous devrions créer TicTak ! »

**Michelle Perrot (historienne)**

## ALGORITHME ESPION

« Au cœur des préoccupations des États, l'éventualité que le gouvernement chinois puisse accéder aux données de leurs nationaux et les espionner. TikTok est en effet l'un des rares mastodontes des plates-formes sociales à ne pas être né dans une entreprise de la Silicon Valley. Le service en ligne, qui a vu le jour en Chine en 2016, a des bureaux dans plusieurs villes du monde, dont Paris, mais le siège social de ByteDance, sa maison mère, reste à Pékin. La plateforme vidéo inquiète la France, où les sénateurs ont mis en place une commission d'enquête sur l'application détenue par l'entreprise chinoise ByteDance. »

***Le Monde*, 4 mars 2023**

TikTok

# À DROITE, DROITE !!!

## CIOTTI

Le 4 décembre 2022, les adhérents de LR ont choisi la ligne portée par Éric Ciotti « de droite assumée », refusant « le politiquement correct », avec un ton très ferme sur la sécurité et l'immigration. « Je suis de droite, j'en suis fier et je ne m'en excuserai jamais », déclare-t-il.

« Heureux, cher Éric, de voir nos idées si largement partagées par les militants LR. »

**Éric Zemmour sur Twitter**

## EX-FRONT NATIONAL

« J'ai du respect pour Jean-Marie Le Pen, qui a créé le mouvement que j'ai l'honneur de présider aujourd'hui et qui a considérablement changé. Mais je pense que le Rassemblement national n'est pas le Front national, même s'il y a peut-être une continuité dans ma volonté de défendre la nation et revendiquer un patriotisme très fort. »

**Jordan Bardella, Radio France, 17 décembre 2022**

## “C’est la réforme ou la faillite!”
Gabriel Attal

### RÉFORME DES RETRAITES

«Au début ils ont fait de la pédagogie, et comme ils ont vu que ça ne marchait pas, ils nous ont ressorti les tsunamis, le soleil qui va s'éteindre, les invasions de grenouilles...»

**Marine Le Pen (RN)**

«À vous entendre, sans cette réforme, il s'abattrait sur la France une pluie de sauterelles...»

**Mathilde Panot (LFI)**

## LIBERTÉ DE LA PRESSE

« Il faut absolument combattre une logique qui voudrait que la liberté de la presse s'adapte à une prétendue loi du marché. »

**Frédéric Peltier (avocat à la Cour),**
***Le Monde*, avril 2023**

Dessin de 1977

# Extrême droite

## L'INFLUENCE BOLLORÉ

*Le Journal du dimanche* (*JDD*) fait partie du groupe Lagardère News, une filiale du Groupe Lagardère. Depuis 2021, le *JDD* est contrôlé par Vincent Bolloré. Arnaud Lagardère, en dépit de l'opposition vigoureuse de la quasi-totalité de la rédaction, nomme Geoffroy Lejeune directeur de la rédaction à compter d'août 2023, une décision généralement considérée comme la démonstration de l'influence de Vincent Bolloré. Ce changement de direction marque un virage conservateur, voire à l'extrême droite, pour cet hebdomadaire ayant historiquement une ligne modérée et légitimiste vis-à-vis des différents gouvernements.

## VIRAGE À L'EXTRÊME DROITE

Entre 2016 et 2023, Geoffroy Lejeune est le directeur de la rédaction du magazine *Valeurs actuelles*, au sein duquel il impulse une ligne éditoriale polémique et fortement marquée à l'extrême droite, qui vaudra au journal d'être condamné pour incitation à la haine.

Lejeune prend ensuite la tête de la rédaction du *JDD*, en août 2023, malgré une très forte opposition à son arrivée au sein des journalistes du titre. Ceux-ci se mettent en grève pendant quarante jours avant qu'une majorité de l'équipe ne quitte le journal.

## CNEWS CONDAMNÉE

Depuis son lancement en 2016, CNews a fait l'objet de vingt-quatre rappels à l'ordre par l'Autorité de régulation de la communication audiovisuelle et numérique (Arcom), dont une mise en demeure en 2022 pour manquement à l'obligation d'honnêteté et de rigueur de l'information. La chaîne, qui a aussi failli à son obligation de maîtrise d'antenne lorsque son chroniqueur Éric Zemmour avait qualifié les mineurs isolés de « voleurs » et d'« assassins » en 2020, a reçu une amende de 200 000 euros.

***Le Monde*, 12 juillet 2023**

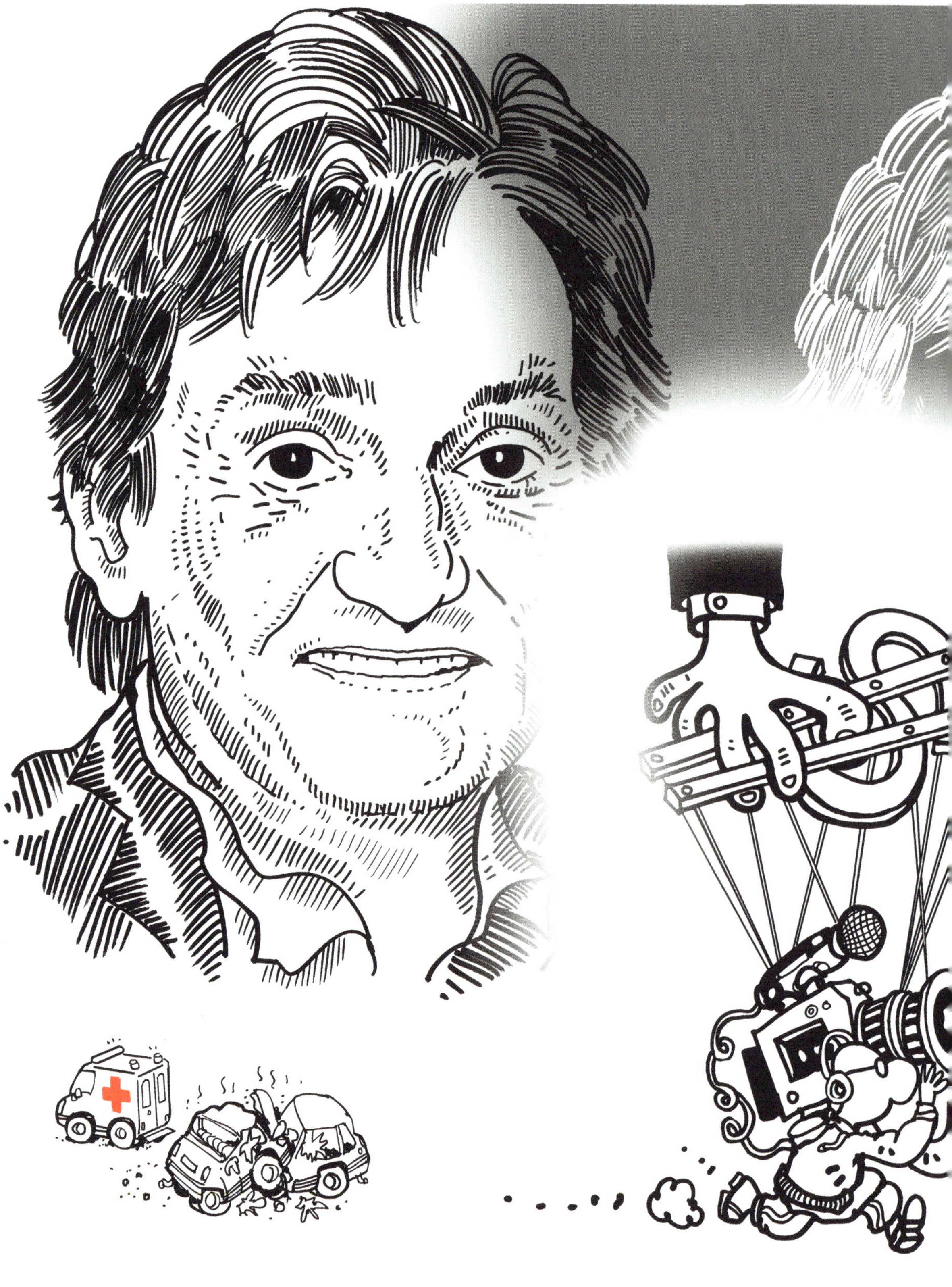

## AUDIMAT

Toujours plus racoleur pour toujours plus d'audience ? Depuis près de trois semaines, les médias tricolores se repaissent de l'affaire Palmade. Un buzz médiatique qui dépasse tous les autres sujets. Une stratégie payante ?

***Challenges*, 28 février 2023**

## PIERRE PALMADE

L'humoriste Pierre Palmade est mis en examen pour homicide involontaire et blessures involontaires, après un grave accident de la route, survenu le vendredi 10 février en Seine-et-Marne.

## QUATENNENS EXCLU PUIS RÉINTÉGRÉ

Exclu quatre mois du groupe LFI après sa condamnation pour violences conjugales sur sa femme, Adrien Quatennens est réintégré en avril 2023 à la suite d'un vote des 73 députés insoumis à bulletin secret. En revanche, le protégé de Jean-Luc Mélenchon ne retrouve pas son poste de coordinateur (dirigeant) de LFI qu'il occupait depuis 2019.

## MACCARTHYSME

En septembre 2022, Julien Bayou a dû se mettre en retrait de ses postes de secrétaire national d'EELV et de coprésident du groupe écologiste à l'Assemblée nationale le temps d'une instruction au sein du parti. L'affaire avait provoqué une déflagration en interne à quelques semaines du congrès, puisque les accusations de l'ex-compagne avaient été dévoilées en direct à la télévision par Sandrine Rousseau, figure controversée porteuse d'une ligne stratégique adverse au sein du parti.

Appuyé par certains cadres, Julien Bayou avait contre-attaqué en accusant la finaliste de la primaire écologiste pour la présidentielle d'être « allée trop loin », appelant à ne « pas confondre féminisme et maccarthysme ». Julien Bayou a été innocenté par la cellule de crise d'EELV ; son ex-femme n'avait pas porté plainte et ne s'était jamais exprimée publiquement. Et Sandrine Rousseau avait elle-même considéré que cette affaire « n'était pas pénalement répréhensible ».

***Le Monde*, 7 février 2023**

## MISE EN EXAMEN

La Cour de cassation confirme le 28 juillet la mise en examen du garde des Sceaux Éric Dupond-Moretti pour prise illégale d'intérêts, qui avait été prononcée en juillet 2021.

## CODE PÉNAL ET DÉONTOLOGIE

Selon le ministre de la Justice, Éric Dupond-Moretti, interrogé sur les affaires Quatennens et Bayou au sein des partis LFI et EELV, les réseaux sociaux ne peuvent pas « être l'unique réceptacle sans filtre de cette parole et la justice doit intervenir. On est en train, là, de créer une justice de droit privé qui n'a strictement aucun sens. Il n'y a pas de code de déontologie mis en place par tel ou tel parti. Il y a la justice, un Code pénal », a affirmé Éric Dupond-Moretti en admettant un « coup de gueule ». « Y en a marre de ces trucs-là », a-t-il ajouté.

*La Voix du Nord*, **27 septembre 2022**

L'AFFAIRE QUATENNENS
PLANTU

## LE RUGBYMAN MOHAMED HAOUAS CONDAMNÉ À DEUX ANS DE PRISON DONT UN AN FERME

Si Mohamed Haouas a reconnu avoir frappé son épouse en pleine journée et devant de multiples témoins et des caméras de vidéosurveillance, dans un centre commercial de Montpellier, Imane Haouas n'a néanmoins pas porté plainte. La belle-mère de Mohamed Haouas a eu cette réaction… « Mohamed, c'est comme mon fils, j'étais très inquiète pour lui qu'il aille en prison. Le geste qu'il a eu sur ma fille ? Quand quelqu'un est nerveux, c'est normal qu'il agisse comme cela. Même moi, mon mari quelques fois s'il est énervé, il peut me gifler. Tout le monde peut recevoir cela ! C'est comme ça ! »

**BFMTV**

Halte aux violences contre les femmes !

## ARC-EN-CIEL

Tempête dans le football professionnel français : des joueurs musulmans ont été sanctionnés pour avoir refusé de jouer avec des maillots floqués des couleurs de l'arc-en-ciel lors d'une journée consacrée à la lutte contre l'homophobie.

## FOOT : TESTO contre STÉRONE

## QATAR ET HOMOPHOBIE

L'ambassadeur qatari du Mondial 2022 qualifie l'homosexualité de « dommage mental » : l'homosexualité est illégale au Qatar, mais les organisateurs de la Coupe du monde ont assuré que les couples homosexuels ne seraient pas inquiétés lors du tournoi.

***Le Monde*, novembre 2022**

## DEMI-FINALE !

L'équipe de France de football est qualifiée pour les demi-finales de la Coupe du monde Qatar 2022.

## DÉFAITE EN FINALE

Le dimanche 18 décembre 2022, en finale du Mondial contre l'Argentine, les footballeurs français sont battus par l'équipe de l'Argentin Lionel Messi.

## KYLIAN MBAPPÉ

Avec huit buts inscrits lors de ce Mondial, Kylian Mbappé est sacré meilleur buteur du tournoi, devant Lionel Messi (7 buts).

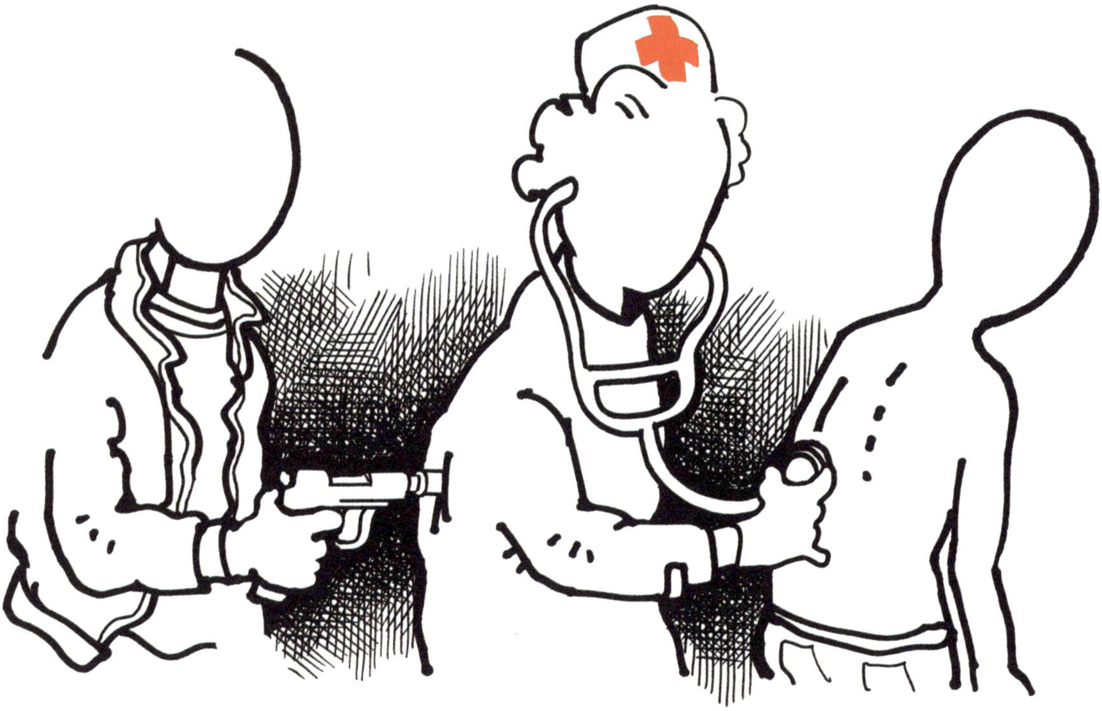

## VIOLENCES À L'HÔPITAL

À l'hôpital public, 37 % des professionnels de santé disent avoir été victimes de violences en 2022. Pour lutter contre ce phénomène, la ministre Agnès Firmin-Le Bodo lance une consultation. Mais selon les praticiens, cette violence est générée par le manque de moyens attribués à l'hôpital.

Selon l'Observatoire national des violences en milieu de santé (ONVS), les professionnels des urgences, de la psychiatrie et de la gériatrie sont les plus touchés par les violences de la part des patients.

**Radio France, 15 février 2023**

## LA PSYCHIATRIE EN DÉSHÉRENCE

Pau (en 2004, un jeune schizophrène de 21 ans était entré dans l'hôpital de Pau de nuit, et il avait tué une infirmière et une aide-soignante. L'une des deux victimes avait été décapitée et sa tête placée sur la télé. L'agresseur avait déjà été hospitalisé trois fois dans ce service), Thouars (une infirmière tuée par son patient en 2021), Reims (en mai 2023, une infirmière est tuée par un homme qui avait déjà poignardé quatre personnes en 2017) : les meurtres de soignants par des patients atteints de sévères troubles psychiatriques se succèdent. Les politiques regardent ailleurs, pourtant, la politique est bien en cause : affaiblie, la psychiatrie perd le lien et la confiance des malades, les violences montent de tous côtés.

**Mediapart, 26 mai 2023**

« Je ne sais pas si on est au point des États-Unis où la psychiatrie se retrouve dans la rue, du fait d'une extrême dégradation de l'offre de soins psychiatriques. Et je crains qu'en France on aille vers ça. »

**Xavier Briffault (chercheur en sciences sociales et épistémologie de la santé mentale au CNRS)**

## ATTENTAT À ANNECY

« La folie est une excuse trop facile a priori », déclare Gérald Darmanin à propos de l'attentat d'Annecy : un Syrien de confession chrétienne sans domicile fixe blesse au couteau quatre enfants et deux adultes. La procureure d'Annecy, Line Bonnet-Mathis, a précisé que ce SDF n'avait ni antécédent judiciaire, ni antécédent psychiatrique. « Une enquête a été ouverte pour tentatives d'assassinat et il n'y a aucun mobile terroriste apparent », a poursuivi la magistrate. Il avait fait une demande d'asile en novembre 2022 auprès de l'Office français de protection des réfugiés et apatrides (Ofpra). Quatre jours avant son passage à l'acte, le 4 juin 2023, il avait reçu une réponse négative à sa requête.

« La santé mentale des personnes migrantes est un enjeu de santé publique. Suite à une loi promulguée en 2018, un repérage des troubles psychiques des personnes primo-immigrantes en France a été mis en place lors de la visite médicale menée par l'Office Français de l'Immigration et de l'Intégration (OFII). »

**Santé mentale des migrants arrivant en France :
enquête rétrospective de 2020**

## MÉDECINS EN GRÈVE

Après la grève des contrôleurs de la SNCF le week-end de Noël, ce sont les médecins généralistes qui manifestent jeudi 5 janvier à Paris. Dans les deux cas, des collectifs créés sur les réseaux sociaux, hors de tout cadre syndical, sont à l'origine de leur mobilisation.

***La Croix*, janvier 2023**

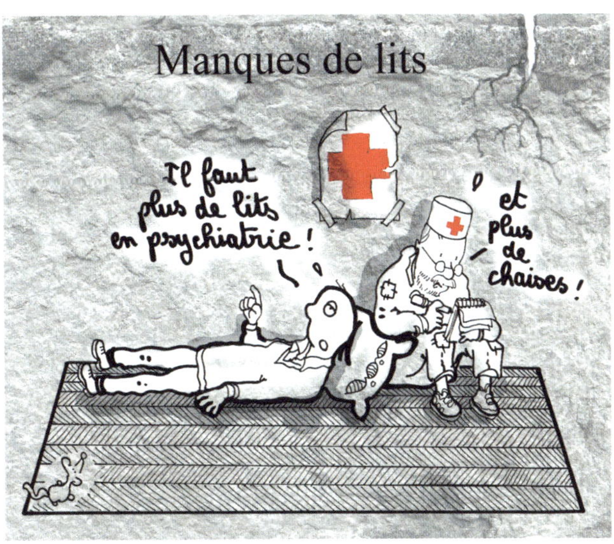


## PSYCHIATRIE

« La psychiatrie publique doit faire face à une crise dont les difficultés ne cessent de se développer avec notamment l'augmentation de la demande de soins psychiques, la réduction des moyens en personnel et la complexification des réglementations. Face à ces difficultés, à la surcharge considérable de travail, liée au manque d'effectifs, et à l'épuisement des professionnels sur le terrain, il est primordial de trouver des solutions afin de garantir à la fois l'accès aux soins mais également de protéger les praticiens hospitaliers en psychiatrie. »

**Séance au Sénat, 15 juin 2023**

## PHARMACIES

En France, comme ailleurs en Europe, il est parfois difficile de se procurer des antibiotiques, du paracétamol, des antiépileptiques, des anticancéreux, etc. À l'instar d'un certain nombre d'acteurs, François Braun, le ministre de la Santé (remplacé en juillet 2023 par Aurélien Rousseau), alerte sur la nécessité d'une « politique européenne », en plus d'une « politique française de souveraineté ».

***Le Point*, 11 mai 2023**

« L'hiver prochain sera encore plus compliqué », a prévenu François Braun, en juin 2023.

## CONSULTATION

« On est avec un prix de la consultation qui est ridicule », a souligné le maire de Pau, François Bayrou, comparant le prix de la consultation avec les honoraires d'un plombier ou d'un coiffeur.

**Egora.fr, 19 Juin 2023**

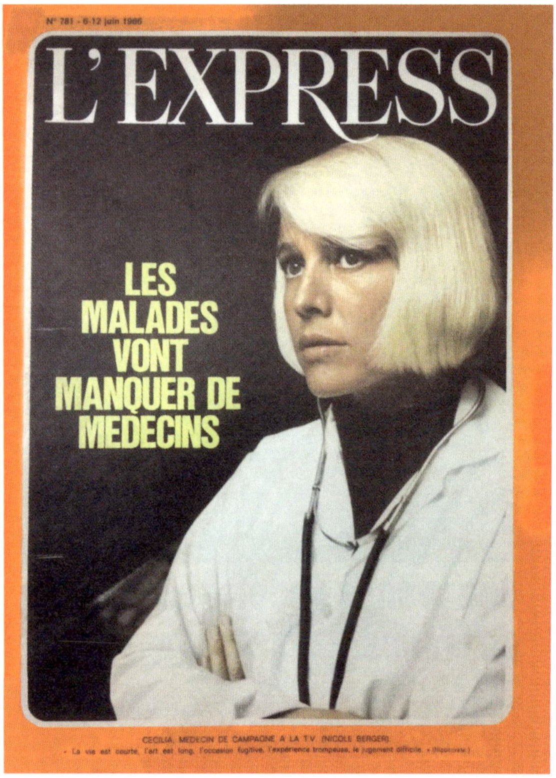


« Les malades vont manquer de médecins »
**(*L'Express*, 1966)**

## LES CONSÉQUENCES DU PASSÉ

« Personne ne devrait se désintéresser du long débat qui se poursuit entre l'État et la profession médicale dans notre société d'aujourd'hui. Et pourtant il est commun de constater la passivité du grand public qui semble ignorer les termes d'un conflit dont l'issue sera cependant lourde de conséquences sur la manière dont, demain, les soins seront distribués à chacun des malades en puissance que nous sommes. »

## IL FAUT MONTRER L'EXEMPLE

« Il faut rappeler qu'un désert médical, ce n'est pas simplement un désert de santé », lance Jean Sibilia, doyen de la faculté de médecine de Strasbourg. « C'est aussi un désert de services publics et privés, ce sont des zones déshabitées. » « Il faut d'abord redonner du sens et de la vie à ces territoires ruraux et urbains. On ne va pas mettre que des médecins, il faut des services, réhabiter, refaire vivre. »

**Europe 1, 20 mars 2019**

# Déserts médicaux

Dessin de 2013

## UN AMENDEMENT REJETÉ

Une quarantaine de députés (allant des LR jusqu'à LFI) présentent leur proposition de loi pour lutter contre les déserts médicaux centrée sur « la nécessité, face à l'urgence, d'une régulation de l'installation des médecins ». L'amendement concernant l'installation des médecins dans les déserts médicaux a été rejeté.

# Réintégration des non-vaccinés

## COVID-19 : MÉFIANCE ET IMPATIENCE

L'hôpital entre méfiance et impatience avant la réintégration des soignants non vaccinés. Trois ans après le début de la pandémie, les personnels de santé qui ont refusé de se faire vacciner contre la Covid-19 pourront bientôt retrouver leur poste à l'hôpital. Certains prévoient des « discussions houleuses » avec leurs collègues, d'autres assurent qu'il n'y aura « pas de soucis ».

## MÉFIANCE ENVERS LES MÉDECINS ?

Le gouvernement tente de freiner les dépenses en encadrant les arrêts de travail : des médecins dénoncent une « chasse aux sorcières » de l'Assurance-maladie. Un millier de généralistes jugés « sur-prescripteurs » sont poussés par l'Assurance-maladie à revoir leurs pratiques. À l'appel de leurs syndicats, ils dénoncent la procédure de « mise sous objectif ».

***Le Monde*, 1er août 2023.**

PAS TROP TÔT !
MAIRIE
MAIRIE
MAIRIE
MAIRIE

*En reprenant le titre de votre dernier livre, pensez-vous que nous avons les moyens de « refaire la France » ?*

Il faut cinquante ans mais c'est une volonté collective qui transcende celle des individus. Et c'est d'abord une question d'éducation, de formation, de citoyenneté, d'écoute, de respect et de réapprentissage du dialogue.

*Depuis plusieurs années, vous dites qu'il y a en France un risque de guerre civile. Le pensez-vous toujours ?*

Bien sûr ! je pense que la radicalisation et la violence croissante qui caractérisent notre pays sont des facteurs très inquiétants. À l'avenir, il faudra les surmonter. C'est dans ce sens que je lance un appel à l'écoute et au dialogue.

*L'écoute et le dialogue, vous pensez que c'est dans l'air du temps ?*

Pas du tout : ce que j'ai écrit est contraire à l'air du temps ; mais je ne me fais pas d'illusion, ce n'est pas moi qui pourrai accomplir ce programme. Et puis il y a un effort collectif pour essayer de comprendre le monde dans lequel nous vivons, si nous ne le comprenons pas, on ne peut pas le changer. Et c'est là que la gauche manque tragiquement à l'appel, aujourd'hui. Ah ! Mais demain… aucun espoir ne peut être congédié ».

**Jean-Pierre Chevènement (ancien ministre), propos recueillis par l'auteur, une semaine avant les émeutes de juillet 2023**

# écologie

## CHARTE DE L'ENVIRONNEMENT

Le texte adopté en 2005 par le Parlement et intégré à la Constitution, commence ainsi :

« Le peuple français, considérant,

Que les ressources et les équilibres naturels ont conditionné l'émergence de l'humanité ;

Que l'avenir et l'existence même de l'humanité sont indissociables de son milieu naturel ;

Que l'environnement est le patrimoine commun des êtres humains ;

Que l'homme exerce une influence croissante sur les conditions de la vie et sur sa propre évolution ;

Que la diversité biologique, l'épanouissement de la personne et le progrès des sociétés humaines sont affectés par certains modes de consommation ou de production et par l'exploitation excessive des ressources naturelles ;

Que la préservation de l'environnement doit être recherchée au même titre que les autres intérêts fondamentaux de la Nation ;

Qu'afin d'assurer un développement durable, les choix destinés à répondre aux besoins du présent ne doivent pas compromettre la capacité des générations futures et des autres peuples à satisfaire leurs propres besoins. »

## EAU POTABLE

À l'échelle mondiale, 2,1 milliards de personnes n'ont pas accès à l'eau potable et disponible à domicile, et 4,5 milliards de personnes ne disposent pas d'un système d'assainissement géré de manière sûre.

La Conférence des Nations unies sur l'eau – la première du genre depuis une génération –, qui s'est tenue au siège de l'ONU à New York du 22 au 24 mars 2023, a été saluée comme une occasion unique d'accélérer les progrès vers l'accès universel à l'eau potable et à l'assainissement d'ici à 2030. Les engagements pris à cette occasion mettront l'humanité « sur la voie d'un avenir où la sécurité hydrique sera assurée pour chacun et chacune d'entre nous », s'est félicité le secrétaire général de l'ONU lors de la clôture.

**Site de l'ONU, 24 mars 2023**

## UN ACCORD SUR LA PROTECTION DE LA HAUTE MER OBTENU À L'ONU

Les États membres se sont enfin mis d'accord sur le premier traité international destiné à lutter contre les menaces qui pèsent sur des écosystèmes vitaux pour l'humanité. Mais il sera formellement adopté à une date ultérieure. Avec les progrès de la science, la preuve a été faite de l'importance de protéger tout entier ces océans foisonnant d'une biodiversité souvent microscopique, qui fournit aussi la moitié de l'oxygène que nous respirons et limite le réchauffement climatique en absorbant une partie importante du $CO_2$ émis par les activités humaines.

***Le Monde*, 4 mars 2023**

## SÉCHERESSE EN FRANCE

72 % des nappes phréatiques sont sous les normales de saison (été 2023). Le gouvernement lance la plate-forme VigiEau pour mieux informer les particuliers sur les restrictions sécheresse en cours localement.

# Guerre de l'eau

## BILLES DE PLASTIQUE

Face à l'échouage massif de billes de plastique sur le littoral du Finistère, de Vendée, puis de Loire-Atlantique, l'État a porté plainte contre X. C'est Christophe Béchu, le ministre de la Transition écologique, qui l'a annoncé le 21 janvier devant les députés, et a déclaré que ces granulés de plastique étaient un désastre environnemental.

## COP 27

La communauté internationale est parvenue, le 20 novembre 2022, à achever l'accord final de la COP 27. Cet accord acte le financement des dommages subis par les pays vulnérables durement touchés par les catastrophes climatiques. Toutefois, il n'évoque ni la baisse du recours aux énergies fossiles, ni le rehaussement des ambitions climatiques.

## ONE FOREST SUMMIT AU GABON

Organisé par le Gabon et la France, le One Forest Summit à Libreville s'est focalisé sur les moyens de préserver les forêts tropicales dans le monde. Au cœur des débats : comment concilier protection de l'environnement et développement économique.

## FORÊTS EN DANGER

« L'Amazonie commence à mourir à cause des changements climatiques et ce sont les forêts de l'Afrique centrale qui résistent le mieux et qui continuent à séquestrer du $CO_2$. Mais il y a des premiers signes d'alerte dans nos forêts. Donc, c'est le moment d'agir. »

**Lee White (ministre gabonais de l'Environnement)**

## AMAZONIE

C'est l'image dont il rêvait : ce mercredi 9 août, Luiz Inácio Lula da Silva, rayonnant, a pris la pose pour les photographes. La « déclaration de Belem », texte fleuve en 113 points, appelle à la nécessité d'« une action urgente afin d'éviter le point de non-retour en Amazonie », c'est-à-dire la destruction de plus d'un cinquième de la forêt, qui compromettrait définitivement son rôle de réservoir de $CO_2$.

***Le Monde*, 10 août 2023**

## SÉCURITÉ ALIMENTAIRE

Trois organisations des Nations unies (FAO, PAM et FIDA) publient annuellement « L'état de la sécurité alimentaire dans le monde » (The State of Food Security in the World). L'insécurité alimentaire et la faim augmentent dans le monde du fait de l'effet conjugué de la pandémie de la Covid-19 et de la mauvaise gestion du système alimentaire mondial, amplifié par les perturbations créées par la guerre en Ukraine.

## TABAC

La journée mondiale sans tabac est organisée dans le monde entier, chaque année le 31 mai. Cette journée mondiale est axée sur les dangers du tabac pour la santé et sur l'action antitabac menée par l'OMS. Selon l'organisation, « le tabac fait plus de 8 millions de morts chaque année. Plus de 7 millions d'entre eux sont des consommateurs ou d'anciens consommateurs, et environ 1,2 million des non-fumeurs involontairement exposés à la fumée ».

## MARCHÉ MONDIAL

D'après la société d'études américaine Grand View Research, basée à San Francisco, le marché mondial du tabac représentait, en 2021, une valeur de 694 milliards de dollars (596 milliards d'euros). Soit une croissance de 2,8 % par an (la population mondiale augmentant au rythme de 1,2 % par an).

## CHLORDÉCONE

La pollution durable due au chlordécone est un scandale judiciaire pour les Antilles : Marcellin Nadeau (GOR/ NUPES) s'insurge contre « ce crime d'empoisonnement, qui montre un sentiment de mépris à l'égard des populations antillaises, sans que la justice passe ».

**Assemblée nationale, 6 décembre 2022**

Le 5 janvier 2023, la justice a déclaré un non-lieu définitif dans le dossier tentaculaire de l'empoisonnement au chlordécone aux Antilles. Au bout de plus de seize ans de procédure, la décision était redoutée par toutes les parties prenantes du dossier.

## CONGO (RDC)

Le pape François a évoqué le « colonialisme économique ». Celui-ci a, selon lui, succédé au « colonialisme politique », en étant tout « aussi asservissant ». « Ce pays, largement pillé, ne parvient donc pas à profiter suffisamment de ses immenses ressources ! Retirez vos mains de la République démocratique du Congo, retirez vos mains de l'Afrique ! Cessez d'étouffer l'Afrique : elle n'est pas une mine à exploiter ni une terre à dévaliser. Que l'Afrique soit protagoniste de son destin ! »

***Le Monde*, 30 janvier 2023**

UKRAINE

# UKRAINE

Volodymyr Oleksandrovytch Zelensky (45 ans) est président de l'Ukraine depuis les élections de mai 2019.

Vladimir Poutine (71 ans) est président de la fédération de Russie, par intérim de 1999 à 2000 et de plein exercice de 2000 à 2008, ainsi que depuis 2012. Après avoir occupé la Crimée en 2014, il envahit une partie de l'Ukraine depuis le 24 février 2022.

"C'était un temps déraisonnable
On avait mis les morts à table"
Louis Aragon
(1897-1982)

PMC Wagner Group
Группа Вагнера
PLANTU

## RÉBELLION DE WAGNER

Evgueni Prigojine, fondateur de la milice Wagner, s'est emparé par les armes de Rostov, une ville russe d'un million d'habitants. Le chef du Kremlin dénonce une « trahison » et un « coup de poignard dans le dos » en pleine guerre contre l'Ukraine.

Vladimir Poutine évite le bain de sang au prix d'un affaiblissement de son autorité. Le président russe a dû composer avec Evgueni Prigojine, pourtant qualifié de « traître », dans une Russie qu'il a présentée comme au bord de la « guerre civile ».

**_Le Monde_, 24 et 25 juin 2023**

Le président russe Vladimir Poutine a déclaré dans un entretien au journal *Kommersant* publié jeudi soir qu'il avait proposé aux mercenaires du groupe paramilitaire Wagner de continuer à combattre ensemble, en dépit de leur tentative de mutinerie, laissant entendre qu'il les aurait intégrés à l'armée russe.

**Reuters, 14 juillet 2023**

## MORT DE PRIGOJINE

Le 23 août, le jet privé emportant Evgueni Prigojine de Moscou à Saint-Pétersbourg s'écrase quelques minutes après son décollage. Le patron de Wagner y trouve la mort en compagnie de huit autres personnes, dont Dmitri Outkine, cofondateur et numéro deux du groupe, ainsi que des cadres dirigeants. Les causes de l'accident restent suspectes.

## TURQUIE

Pendant que l'attention russe et américaine est largement fixée sur l'Ukraine, Erdoğan s'attaque aux forces kurdes, en Syrie et à la frontière Irak-Iran.

## ERDOGAN

Quelques mois après le début du conflit, le partenariat entre Kiev et Ankara s'est renforcé. La Turquie condamne l'invasion russe et livre des drones à l'Ukraine. Mais Recep Tayyip Erdogan ménage Moscou et conserve un lien particulier avec Vladimir Poutine.

## SOUTIEN DE L'UE À L'UKRAINE

Ursula von der Leyen, la patronne de la Commission européenne, se rend à Kiev, à l'occasion de la journée de l'Europe, le 9 mai. À la question de savoir si l'Europe en fait assez pour soutenir l'Ukraine, Laurence Boone, secrétaire d'État chargée de l'Europe, déclare : « Je crois que [cette visite est] plus que symbolique. L'Europe en est à son onzième paquet de sanctions pour soutenir l'Ukraine. L'Europe a accepté que les Ukrainiens arrivent sur son territoire, il y a eu des millions de réfugiés qui ont pu travailler dès qu'ils sont arrivés. La décision a été prise en trois semaines. L'Europe fournit du soutien financier : on est en train de parler de plus de 60 milliards d'euros. Donc oui, l'Europe en fait assez, mais l'Europe doit continuer… »

RUSSIE
UKRAINE
EUROPE

## ÉGLISE ORTHODOXE RUSSE

Le patriarche Kirill, un chef de l'Église orthodoxe russe très politique, de son vrai nom Vladimir Mikhaïlovitch Goundiaïev, est, depuis 2009, le seizième patriarche de l'Église orthodoxe russe. Ces derniers temps, il s'est régulièrement retrouvé sous le feu des projecteurs en raison de ses prises de position en faveur de l'offensive russe en Ukraine.

**France 24**

## SOUTIEN MESURÉ

Fin juin 2022, lors d'un sommet de l'Otan, Emmanuel Macron s'enorgueillissait du fait que « le soutien de la France aux armées ukrainiennes ne passe pas uniquement par des engagements verbaux, mais bien par le déploiement de matériel sur place ». Pourtant, selon des recherches récentes réalisées en Pologne et en Ukraine, la France ne compte que pour 2 % des livraisons d'armement à Kiev, contre 49 % pour les États-Unis, 22 % pour la Pologne ou encore 9 % pour l'Allemagne. Des chiffres qui corroborent les reproches régulièrement faits à Paris de ne pas suffisamment soutenir l'Ukraine.

**_Courrier international_, 3 octobre 2022**

Selon un rapport de la commission de la défense nationale et des forces armées de l'Assemblée nationale, publié le 17 février, l'armée française ne dispose plus de suffisamment de munitions (obus, missiles, torpilles, etc.) pour soutenir un engagement de haute intensité.

**_Le Monde_, 18 février 2023**

## SUPPRESSION DU SERVICE NATIONAL

« Le service militaire a été supprimé (en réalité suspendu) par Jacques Chirac en 2001 au motif qu'il était devenu inadapté au nouveau contexte géopolitique issu de la fin de la menace soviétique, car il était jugé coûteux, inégalitaire ; l'objectif était de professionnaliser les armées pour faire monter les soldats en compétences. Cette décision de suppression est une tragique erreur et nous payons le prix de cette myopie politique tous les jours. Oui, il aurait fallu rendre ce service militaire universel (intégrer les femmes), refuser l'inégalité et les passe-droits et le maintenir comme un service militaire. Le service militaire permettait d'insuffler l'esprit de défense de la nation et la connaissance concrète du maniement des armes. Qui pense aujourd'hui que c'est superflu ? »

**Frédéric Lauze (conseiller social ressources humaines au cabinet du directeur général de la police nationale)**

Dessin publié dans *Le Monde* en 2001

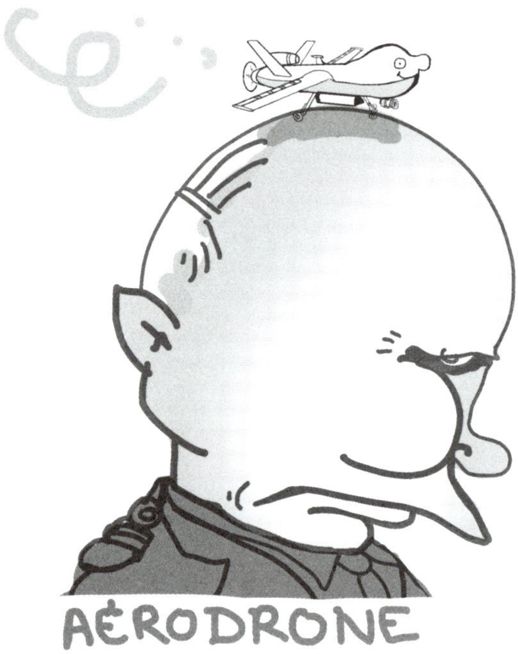


## ATTAQUE DE DRONES AU KREMLIN

Deux drones sont détruits, début mai, alors qu'ils approchaient de la présidence russe, au cœur de Moscou. Depuis, il reste difficile de savoir qui se trouve derrière l'attaque, probablement menée par l'Ukraine, d'après les États-Unis.

## TRIBUNAL INTERNATIONAL

Une coalition de juristes et d'États se mobilisent pour établir un tribunal pénal international via l'Assemblée générale de l'ONU. Il permettrait de juger les plus hauts responsables russes, dont Vladimir Poutine, pour avoir déclenché la guerre et envahi un État souverain.

*Libération*, **18 juillet 2023**

PLANTU

# INTERNATIONAL

## COUP D'ÉTAT AU NIGER

Le 26 juillet 2023, le président Mohamed Bazoum, démocratiquement élu en 2021, est renversé par une junte militaire qui prend le nom de Conseil national pour la sauvegarde de la patrie. Les réactions internationales condamnent ce coup de force et la Communauté économique des États de l'Afrique de l'Ouest (CEDEAO) envisage une action militaire.

## POUTINE AU SOMMET RUSSIE-AFRIQUE

Poutine plaide pour un « ordre multipolaire » sans « néocolonialisme » (juillet 2023).

## MAHSA AMINI, FEMME, VIE, LIBERTÉ

La mort d'une étudiante iranienne d'origine kurde de 22 ans, le 16 septembre 2022 à Téhéran, a provoqué de violentes manifestations. Elle avait été arrêtée par la police des mœurs pour « port de vêtement inapproprié » et battue à mort.

« La révolution des femmes a fait tache d'huile, entraînant la population des deux sexes contre un régime dans lequel elle ne se reconnaît plus. La jeunesse est aux avant-postes. Parfaitement adaptée à la révolution numérique, elle utilise de main de maître les réseaux sociaux, se met en contact avec la diaspora iranienne, forte de trois millions d'individus dans le monde. Elle remet en cause l'accusation de l'Occident par les mollahs. "Notre ennemi est ici. Ils mentent en disant que c'est l'Amérique." Peut-être voyons-nous en Iran se produire la plus grande révolution féministe de l'Histoire, qui a réussi à entraîner la majeure partie d'une population contre un régime totalitaire. La femme est l'avenir de l'homme iranien. Un formidable mouvement qui n'est pas près de s'éteindre. »

**Michel Winock, *Challenges*,**
**7 avril 2023**

## MENACE DU NUCLÉAIRE IRANIEN

« L'accord international sur le programme nucléaire iranien connu sous le nom de Plan d'action global conjoint (PAGC) est au point mort, le stock d'uranium enrichi du pays étant désormais plus de 20 fois supérieur à la limite convenue. »

**Rosemary DiCarlo**
**(cheffe des affaires politiques de l'ONU), juillet 2023**

Critiquer le nucléaire, « c'est une manière de détourner la communauté internationale de ce qui se passe à l'intérieur de l'Iran ».

**France Info, novembre 2022**

## VOILE EN IRAN

« Ça me désespère que le corps des femmes et la manière dont elles habillent leur corps soient encore un sujet. (...) On parle de cela sans ces femmes. C'est une invisibilisation à un degré qui défie l'entendement. Il y a plein de motivations pour porter un voile, et il y en a qui portent des voiles qui sont juste un embellissement, en fait. »

**Sandrine Rousseau, LCP, 4 novembre 2021**

« À la tête de la radicalisation, nous avons une députée écolo qui est Madame Rousseau et qui veut faire tout flamber. »

**Élisabeth Badinter, France Inter, 28 septembre 2022**

## SANDRINE ROUSSEAU HUÉE

La fracture entre féministes a, encore une fois, éclaté au grand jour. À l'occasion du rassemblement du 2 octobre 2022 place de la République, en mémoire de la mort tragique de Mahsa Amini, Sandrine Rousseau a été huée pour ses prises de position sur le voile.

## BARBARIE

Après avoir été exclues des écoles, des universités, de la plupart des professions dans le public comme dans le privé, des jardins et bains publics, des salles de sport, les Afghanes n'auront bientôt plus le droit de travailler comme esthéticiennes. Avant de décréter la fermeture des salons de beauté, les talibans y avaient déjà interdit les tatouages et la pose de faux ongles.

*Courrier international*, **5 juillet 2023**

École pour filles
QU'EST-CE QUE TU VEUX FAIRE PLUS TARD ?
PARTIR !

Barbi
B

## CENSURE AU KOWEÏT, AU LIBAN ET EN ALGÉRIE

Alors qu'il connaît un vif succès en Arabie Saoudite, le film *Barbie* ne sortira pas dans les salles algériennes, comme au Koweït et au Liban. La raison officielle avancée est la même : le film « promeut l'homosexualité et d'autres déviances occidentales » et « ne respecte pas les croyances religieuses et culturelles de l'Algérie ».

## LES PASSEURS

Cette mafia des passeurs, qui représente un chiffre d'affaires de plus de 100 millions d'euros, a une organisation très pyramidale, « qui vient s'apparenter à du narcotrafic » avec « des petites mains chargées d'acheminer les passagers jusqu'à la plage, des rabatteurs qui restent dans la forêt, chargés de réunir les passagers », et des canots acheminés depuis la Chine, commandés sur Internet, souvent livrés en Allemagne, « et des coursiers vont les récupérer en Allemagne pour les stocker en France avant la livraison jusqu'aux plages », où les passeurs ne montent plus dans les canots, « mais roulent en BMW ».

**Radio France, 3 mai 2023**

100
100
Passeurs-Escrocs-Passeurs-Escrocs-Passeurs-Escrocs

## LES MIGRANTS EN HONGRIE

Budapest débordé par l'afflux de migrants : plus de 110 000 migrants sont entrés en Hongrie par la « route des Balkans » depuis le mois de janvier, contre 43 000 l'année dernière. La tension est grande à Budapest, qui s'organise pour les accueillir malgré les débordements.

« Ne fais pas attention à moi. Je viens d'une autre planète. Je vois toujours des horizons là où tu dessines des frontières. »

**Frida Kahlo (artiste peintre)**

## VIKTOR ORBAN

L'anti-migrants Viktor Orban ouvre les bras aux «travailleurs invités». Intraitable envers l'immigration illégale, le pouvoir national-conservateur facilite l'arrivée de personnes étrangères, recrutées jusqu'en Indonésie.

**Slate, 28 avril 2023**

## GIORGIA MELONI

Après avoir été élue présidente du Conseil italien en 2022 dans le droit fil des idées de Mussolini, Giorgia Meloni est désormais critiquée par ses soutiens pour avoir renoncé à nombre de ses engagements, notamment en matière d'immigration.

La Première ministre italienne, Giorgia Meloni, poursuit en justice Roberto Saviano pour avoir critiqué ses positions anti-immigration.

« Si j'arrive au pouvoir, je bloquerai les migrants et j'enlèverai la protection policière à Roberto Saviano ! », déclarait Matteo Salvini en 2021. Il est aujourd'hui vice-président du Conseil des ministres.

# Des écrivains menacés

Salman Rushdie, écrivain américano-britannique d'origine indienne, fait l'objet d'une fatwa de l'ayatollah Khomeini depuis 1989 après la publication des *Versets sataniques*.

## SALMAN RUSHDIE BLESSÉ

En août 2022, lors d'une rencontre littéraire, un homme soupçonné d'être sympathisant de l'Iran chiite s'est jeté sur Salman Rushdie, armé d'un couteau, et l'a poignardé une dizaine de fois. Des spectateurs et des gardes ont alors maîtrisé l'assaillant. Celui-ci a été aussitôt interpellé, puis inculpé. Il est depuis incarcéré dans l'attente d'un procès. Après cet attentat, Salman Rushdie déclare au *New Yorker* : « J'ai trouvé ça très, très difficile d'écrire. Je m'assieds pour écrire, et rien ne se passe. »
Mais en mai 2023, face aux invités du gala pour la défense des écrivains à New York, il affirme néanmoins que « le terrorisme ne doit pas nous terroriser. La violence ne doit pas nous dissuader. La lutte continue ».

## ROBERTO SAVIANO

L'auteur de *Gomorra*, succès international, est devenu le premier opposant au gouvernement actuel et une importante figure de la lutte contre la politique antimigratoire haineuse de Salvini. Face à lui, à l'extrême droite de l'échiquier politique, Matteo Salvini, actuel ministre des Infrastructures et de la Mobilité durable du parti d'extrême droite la Ligue, que Saviano a traité de « ministre de la Mafia », ce qui lui vaut un procès en diffamation.

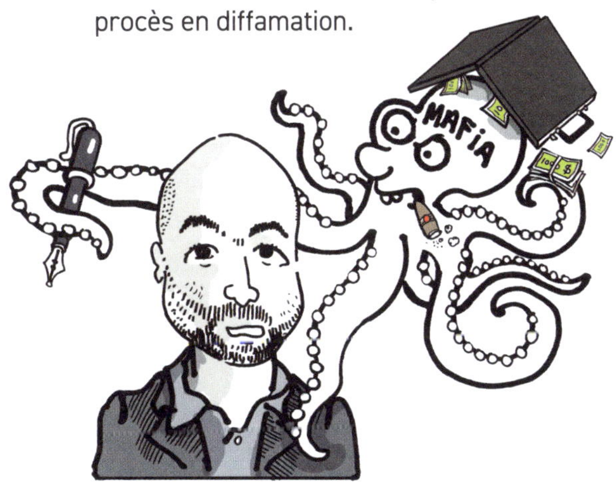


Roberto Saviano, écrivain et journaliste italien, est connu pour avoir dénoncé dans son livre *Gomorra* la corruption en Italie et les dérives de la Mafia. Menacé plusieurs fois, il vit depuis 2006 sous protection policière.

## DEMANDES DE VISAS

En 2022, la France a délivré 1,7 million de visas contre 733 070 en 2021, soit une hausse de 137,1 %. Ce nombre reste très inférieur au total des visas délivrés avant la crise sanitaire. En 2019, la France avait délivré 3,5 millions de visas.

En 2022, la France a reçu plus de 2,3 millions de demandes de visas et elle en a refusé 500 000. Les quatre premiers pays d'origine des titulaires des visas sont, en 2022, l'Inde, le Maroc, l'Algérie et la Turquie.

Concernant les immigrés en situation irrégulière, 19 429 étrangers en situation irrégulière ont quitté le territoire français. Le total des éloignements d'étrangers en situation irrégulière est en hausse par rapport à 2021 (15 396 éloignements, soit + 14,9 % par rapport à 2021). Le chiffre reste en deçà de celui d'avant la crise sanitaire.

**La vie-publique.fr/en-bref/287990-immigration-les-chiffres-pour-2022**

## MIGRANTS ET SÉDENTAIRES

« C'est une constante de l'histoire de l'humanité. Les mouvements de population, en brassant sans cesse les cultures, donnent continuellement naissance à de nouvelles entités ethniques et politiques. Les identités ne sont pas immuables depuis la nuit des temps mais la résultante de brassages permanents.

Quand les gens se déplacent (à part les touristes), c'est qu'ils y sont obligés ; ce n'est pas de gaieté de cœur, c'est pour trouver mieux. Il y a des siècles, les hommes ont inventé l'agriculture, ils ont commencé à se sédentariser, ils ont créé des villages et des maisons en dur ; ils ne sortent des villages que pour cultiver ou faire paître les animaux.

Quand les villes se créent, naissent alors des professions sédentaires, la nourriture arrive directement, on n'a plus besoin de sortir de l'agglomération : des métiers apparaissent, des artisans, des commerçants, la bureaucratie, le clergé, la police, etc.

Puis on invente une écriture pour communiquer à distance, puis internet et aujourd'hui, c'est le télétravail.

On reçoit maintenant chez soi ses marchandises par Amazon : on bouge de moins en moins, on fait du sport en salle. Et les migrants qui sont obligés de fuir un pays intenable, leur seul but est de se resédentariser.

Ces tapis roulants qu'on trouve dans les salles de sport et qui permettent de courir sans se déplacer sont finalement une métaphore des évolutions contemporaines. »

**Jean-Paul Demoule (professeur émérite de protohistoire à l'université Paris-I Panthéon-Sorbonne), France Culture, « Concordance des temps », 18 février 2023**

## BULGARIE : ÉCHEC DU GOUVERNEMENT ANTICORRUPTION

La Bulgarie est le pays le plus pauvre de l'Union européenne, mais également le plus corrompu selon l'ONG Transparency International. Le gouvernement bulgare du Premier ministre libéral, Kiril Petkov, arrivé aux affaires en décembre 2021, qui s'était juré de combattre la corruption et d'ancrer plus solidement son pays dans l'Union européenne, a été renversé en juin 2022 par une motion de censure.

## QATARGATE

Certains membres du Parlement européen auraient perçu de l'argent en échange de la défense des intérêts du Qatar. En réaction à ce scandale appelé « Qatargate », les eurodéputés se sont pressés de déclarer cadeaux et voyages qu'ils étaient tenus de signaler. Une démonstration de probité essentielle en vue des élections européennes de 2024.

***La Croix*, janvier 2023**

## TRAITÉ DE L'ÉLYSÉE

Charles de Gaulle et Konrad Adenauer signaient en 1963 le traité de l'Élysée. Après des mois de flottement, Emmanuel Macron et le chancelier allemand Olaf Scholz sont mis au défi de relancer le tandem franco-allemand, le 22 janvier à Paris, pour le 60e anniversaire du traité de réconciliation. Les deux pays ont traversé une période difficile après l'annulation du Conseil franco-allemand en octobre : Berlin avait alors reconnu qu'ils n'avaient pas trouvé de « position commune » sur « toute une série de sujets ».

**France Info, 21 janvier 2023**

## VIOLENCES ANTIMUSULMANES

Alors que la France déroule le tapis rouge pour le dirigeant indien Narendra Modi, le Parlement européen a appelé jeudi les autorités indiennes à « mettre fin rapidement aux violences ethniques et religieuses » dans l'État de Manipur, et demandé que les droits de l'homme soient intégrés à tous les domaines couverts par le partenariat entre l'Union européenne et l'Inde.

**Euronews, 13 juillet 2023**

## RAFALE ET COMPAGNIE

Le dirigeant indien Narendra Modi confirme l'achat de 26 avions Rafale et de 3 sous-marins en arrivant à Paris. Il est l'invité d'honneur d'Emmanuel Macron pour la fête nationale du 14 Juillet. Une invitation qui fait grincer des dents au Parlement européen.

## TAÏWAN

Malgré les menaces chinoises, la présidente taïwanaise a rencontré le président de la Chambre américaine des représentants.

## CHINE OPAQUE

Alors que Qin Gang, le ministre des Affaires étrangères chinois, n'était pas apparu en public depuis plus d'un mois, il a officiellement quitté le gouvernement pour être remplacé par… son prédécesseur. Les autorités chinoises restent muettes, confirmant l'opacité du régime.

缺女人啊!
缺年轻人!
Ça manque de femmes ! Ça manque de jeunes !
PLANTU
也没有民主!
Ça manque aussi de démocratie !

## ISRAËL ET CORRUPTION

Le Premier ministre israélien Benyamin Nétanyahou a subi une intervention chirurgicale pour la pose d'un stimulateur cardiaque. Mais les manifestants dénonçant une dérive autoritaire du gouvernement de Benyamin Nétanyahou, accusé de vouloir étendre la mainmise du pouvoir politique sur la justice, n'ont pas faibli. En procès pour corruption depuis 2020, le Premier ministre israélien s'attire les foudres d'une large part de la société israélienne.

COLONIE
PLANTU

## USA-FRANCE

C'est la deuxième fois qu'Emmanuel Macron effectue une visite d'État aux États-Unis. Il espère profiter de cet « honneur » pour hausser le ton face au protectionnisme américain. De l'autre côté, les Américains feront tout pour éviter que la moindre friction ou déclaration un peu fraîche ne vienne ternir la première visite d'État organisée par Joe Biden.

**TV5 Monde, 29 novembre 2022**

## BIDEN-TRUMP

À respectivement 82 et 78 ans en 2024, Biden et Trump seront les deux plus vieux candidats démocrate et républicain à la présidence dans l'histoire américaine. Mais, alors que le président américain a officialisé sa candidature, et que Donald Trump reste le favori de la primaire républicaine, le scrutin sera arbitré par l'inflation, l'avortement, l'âge de Biden et les ennuis judiciaires de Trump (quatre inculpations).

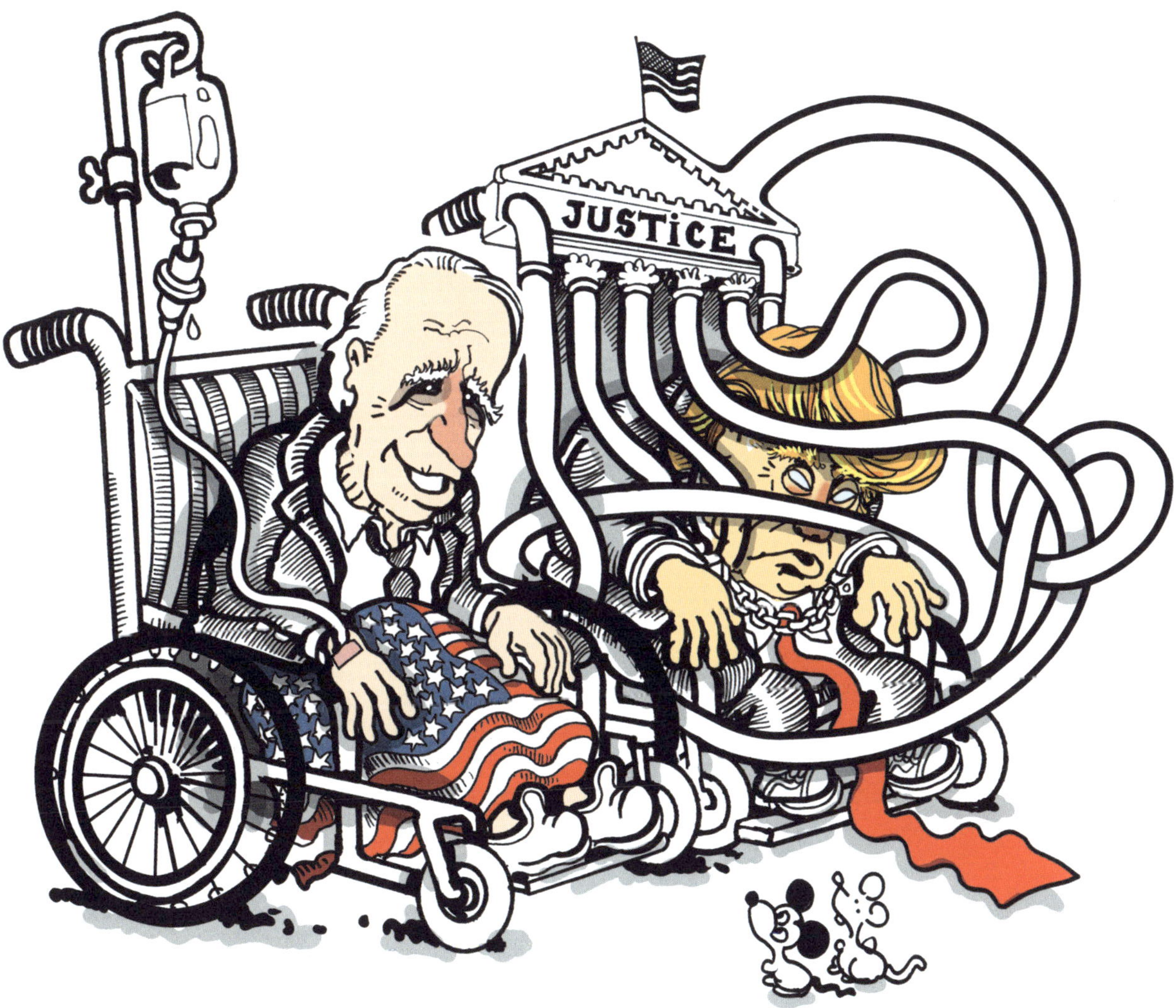

## COUP D'ÉTAT AU NIGER

Après le Mali et le Burkina Faso, le Niger est le troisième pays de la région à connaître un coup d'État depuis 2020. À chaque fois, la présence de la France est dénoncée. Une situation dont profite la Russie, qui mène sur place une intense propagande.

**France Info, 3 août 2023**

## WAGNER

« Le groupe paramilitaire Wagner va continuer d'opérer au Mali et en Centrafrique. C'est ce qu'a dit le chef de la diplomatie russe Sergueï Lavrov. Selon lui la rébellion avortée de cette organisation en Russie n'affectera pas la relation entre Moscou et ses alliés africains. »

**TV5 Monde, 27 juin 2023**

Qu'adviendra-t-il du groupe après la mort de Prigojine ? Evgeny Prigojine a passé près d'une décennie à mettre sur pied le groupe paramilitaire Wagner. Ce groupe est devenu un élément central de l'effort de guerre de la Russie en Ukraine et les troupes de Prigojine ont contribué à étendre l'influence russe à travers le monde, en soutenant les alliés du président Vladimir Poutine en Afrique et en Syrie. L'annonce de sa mort a déclenché une vague de spéculations sur l'avenir du groupe.

**BBC News, août 2023**

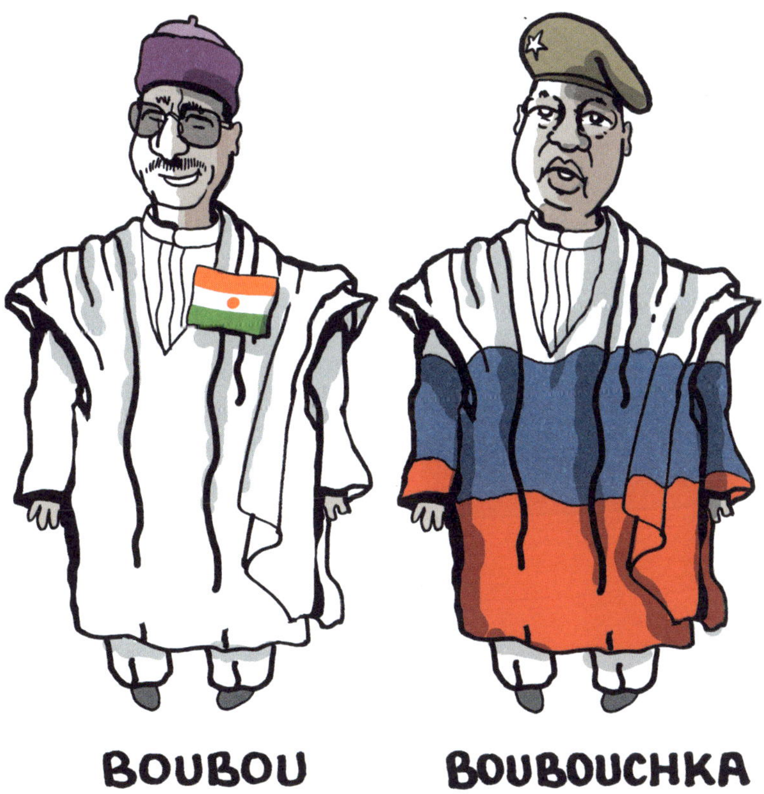

# HOMMAGES

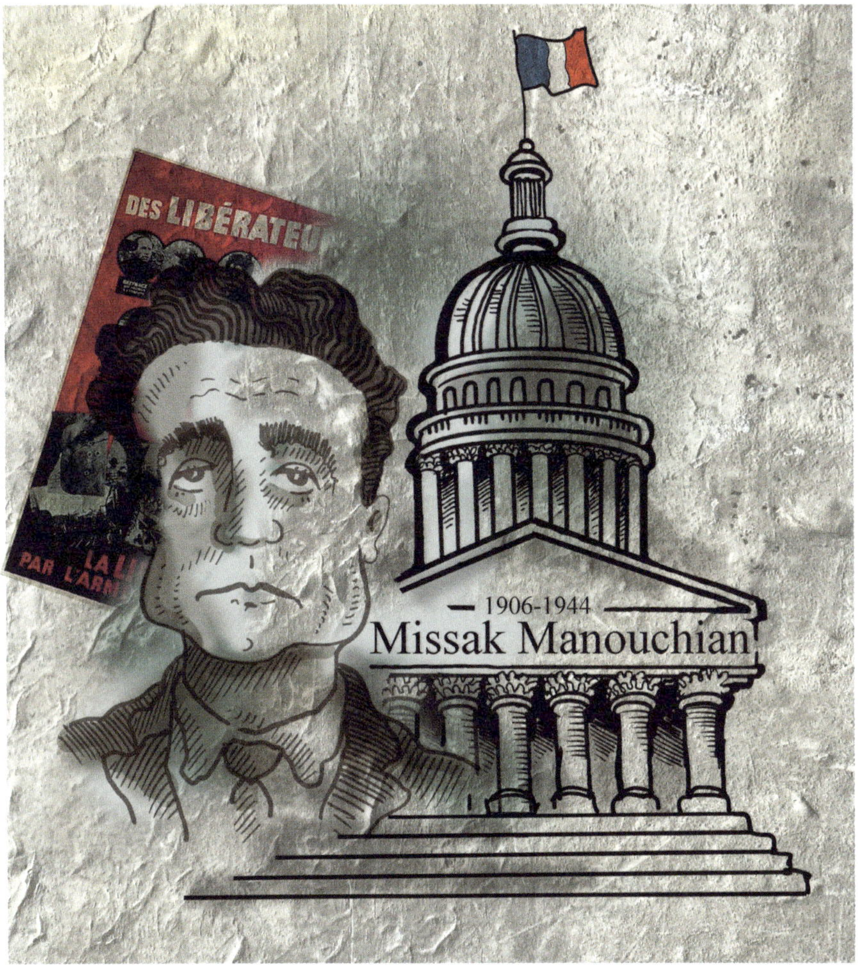


## MISSAK MANOUCHIAN AU PANTHÉON

Des leçons pour aujourd'hui : même si Emmanuel Macron, comme ses prédécesseurs lorsqu'ils décidèrent de « panthéoniser » de grandes figures, n'est pas exempt d'arrière-pensées personnelles et politiques, il opère sans conteste avec le résistant communiste, rescapé du génocide des Arméniens, un choix judicieux, porteur de messages forts et salutaires.

*Le Monde*, juin 2023

MORT DE L'ARTISTE JANE BIRKIN (1946-2023)

## MORT DU JOURNALISTE GÉRARD LECLERC (1951-2023)

## HOMMAGE À PIERRE DAC

Le Musée d'art et d'histoire du judaïsme présente une exposition consacrée à Pierre Dac, l'inventeur du Schmilblick et du Biglotron.

+80%

## TINTIN ÉTERNEL

Fondé par Hergé, le *Journal de Tintin* fête ses 77 ans.

# INDEX

## INDEX

# INDEX

ACHEVÉ D'IMPRIMER EN OCTOBRE 2023
PAR L'IMPRIMERIE POLLINA - N°47878
85407 LUÇON
POUR LE COMPTE DES ÉDITIONS CALMANN-LÉVY
21, RUE DU MONTPARNASSE 75006 PARIS

PAPIER CERTIFIÉ

CALMANN LEVY s'engage pour l'environnement en réduisant l'empreinte carbone de ses livres. Celle de cet exemplaire est de :
1,1 kg éq. $CO_2$
Rendez-vous sur www.calmann-levy-durable.fr

N° D'ÉDITEUR : 8980074
N° D'IMPRESSION : 00000
DÉPÔT LÉGAL : NOVEMBRE 2023
IMPRIMÉ EN FRANCE

2023

Le Monde
Le Monde